Der Invalidenfriedhof in Berlin
und seine Wiederherstellung

Guido Hinterkeuser

DER INVALIDENFRIEDHOF IN BERLIN UND SEINE WIEDERHERSTELLUNG

Festschrift zum
30-jährigen Bestehen
des Fördervereins
Invalidenfriedhof e. V.

Herausgegeben vom
Förderverein Invalidenfriedhof e. V.

SCHNELL + STEINER

INHALT

Grußwort
    Dr. Christoph Rauhut, Landeskonservator und   6
    Direktor des Landesdenkmalamtes Berlin

Zum Geleit
    Dr. Klaus-Henning von Krosigk,   8
    Vorsitzender des Fördervereins Invalidenfriedhof e. V.

Der Invalidenfriedhof – kurzer Abriss seiner Geschichte   13

Der Förderverein Invalidenfriedhof e. V. und sein 30-jähriges Wirken   33

Herausragende Grabmäler   75
    Barocke Sarkophag-Grabmäler   77
    Michael Ludwig von Diezelsky   83
    Ernst Otto von Reineck   87
    Friedrich Wilhelm von Rohdich   93
    Friedrich Bogislav Emanuel Graf Tauentzien von Wittenberg   99
    Georg Dubislaw Ludwig und Otto Carl Lorenz von Pirch   105
    Gerhard David von Scharnhorst und seine Familie   113
    Job Wilhelm von Witzleben   125
    Karl Friedrich Friesen   131
    Hermann von Boyen und seine Familie   137
    Friedrich Wilhelm von Rauch und seine Familie   147
    Hans Karl von Winterfeld   153
    Dietrich und Georg Graf von Hülsen-Haeseler   161
    Die Schwestern des Augusta-Hospitals   167

Literaturverzeichnis   170
Bildnachweis   175

GRUSSWORT

DR. CHRISTOPH RAUHUT
Landeskonservator und Direktor des Landesdenkmalamtes Berlin

Der im Jahr 1748 von Friedrich II. für die Invalidenhausgemeinde gegründete Invalidenfriedhof ist ein herausragendes Zeugnis der deutsch-preußischen und Berliner Geschichte und ein nationales Denkmal mit besonderer Kultur-, Militär- und Sozialgeschichte.

Dem 275 Jahre alten Friedhof an der Scharnhorststraße kommt eine hohe Bedeutung als letzte Ruhestätte von Soldaten und Zivilpersonen mit Grabdenkmalen herausragender Baukünstler zu. In unserer jüngeren Geschichte sind aber auch erhebliche Schäden zu verzeichnen: durch Kriege und Vandalismus, Verwahrlosung nach der Schließung 1951 und unwiederbringliche Verluste durch den Bau der Berliner Mauer 1961 mit dem sogenannten Todesstreifen und der Hinterlandmauer entlang des Berlin-Spandauer-Schifffahrtskanals. Nach der deutschen Wiedervereinigung lag der Friedhof im Jahr 1990 buchstäblich in Trümmern.

Wie konnte und sollte dieser geschichtsträchtige Ort mit all seinen Facetten bewahrt, wiederhergestellt, in Teilen rekonstruiert und den Menschen erläutert werden? Neben der Berliner Gartendenkmalpflege unter der Leitung von Dr. Klaus-Henning von Krosigk befassten sich auch Mitglieder aus Politik und Zivilgesellschaft intensiv mit den Fragen zum zukünftigen Umgang mit diesem außergewöhnlichen Begräbnisort. Einige von ihnen gründeten am 6. November 1992 den Förderverein Invalidenfriedhof e. V.

Der Verein hat sich zum Ziel gesetzt, den einzigartigen Bestattungsort in seinem historischen Umfang als Denkmal der deutschen, preußischen und Berliner Geschichte und als Ort der Besinnung zu erhalten, würdig zu gestalten und zu pflegen. Als Stätte des Nachdenkens über die deutsche Geschichte sollte er erhalten und behutsam restauriert werden. Dazu gehörte die denkmalpflegerische Sicherung vorhandener Grabdenkmale und die Restitution bedeutsamer Grabanlagen sowie die Darstellung der Geschichte des Friedhofs und der beigesetzten Personen.

Diese ambitionierten Ziele wurden erreicht! Auch mit der vorliegenden Publikation knüpft der Förderverein an seine Tradition an, über den Friedhof und seine Erhaltung durch zahlreiche Maßnahmen publikumswirksam zu berichten. Daher freue ich mich, auch diese Veröffentlichung finanziell unterstützen zu können.

Der Förderverein ist der wichtigste Partner der Denkmalpflege bei der Erhaltung des Friedhofes. Das Landesdenkmalamt hat daher von Anfang an gerne und vertrauensvoll mit den Protagonisten des Vereins zusammengearbeitet. Der Förderverein wurde 2020 in Anerkennung seiner unermüdlichen Arbeit für die Wiedergewinnung und Erhaltung des Invalidenfriedhofes vom Senator für Kultur und Europa, Dr. Klaus Lederer, mit dem Berliner Denkmalpflegepreis, der Ferdinand-von-Quast-Medaille, ausgezeichnet. Ich wünsche mir, dass der Förderverein Invalidenfriedhof sich auch in Zukunft für die Bewahrung dieses einzigartigen Begräbnisplatzes einsetzt und vor allem mit seiner kontinuierlichen Erinnerungsarbeit die wechselvolle Geschichte dieses Ortes am Leben erhält.

Dazu wünsche ich viel Erfolg und gratuliere dem Förderverein Invalidenfriedhof herzlich zum 30-jährigen Jubiläum!

ZUM GELEIT

DR.-ING. KLAUS-HENNING VON KROSIGK
Vorsitzender des Fördervereins Invalidenfriedhof e. V.

Der Förderverein Invalidenfriedhof e. V., der am 6. November 1992 in den Räumen der Kulturstiftung der Länder und unter dem Patronat ihres Generalsekretärs, Dr. Klaus Maurice, gegründet wurde, hat sich bis heute als eine segensreiche Einrichtung erwiesen. Seinem Vorsitzenden, Prof. Werner Knopp, damals Präsident der Stiftung Preußischer Kulturbesitz, und seinen beiden Stellvertretern, dem bekannten Verleger Wolf Jobst Siedler und dem Bundestagsabgeordneten Klaus Francke, sowie dem Schatzmeister, Andreas Graf von Hardenberg, und dem Schriftführer, Brigadegeneral Hasso Freiherr von Uslar-Gleichen, ist nicht nur zu verdanken, dass schon 1993 eine erste, weithin beachtete Publikation zum Invalidenfriedhof, mit einem Geleitwort des damaligen Bundeskanzlers Dr. Helmut Kohl, erschien, sondern auch wenig später eine aus heutiger Sicht unglaublich erfolgreiche Restaurierungskampagne einsetzte.

So wurde im Vorfeld der 1998 begangenen 250-Jahrfeier des Invalidenfriedhofs beherzt die Chance ergriffen, wissenschaftlich-konservatorisch vom Verfasser vorbereitet und vom Förderverein nachdrücklich unterstützt, bei der Stiftung Deutsche Klassenlotterie Berlin für zehn Grabanlagen unseren vielleicht wichtigsten Förderantrag einzureichen, der mit einer Fördersumme von immerhin 1,13 Millionen DM genehmigt und anschließend in kurzer Zeit erfolgreich umgesetzt wurde.

Ich selbst hatte das große Glück, als Chef der Berliner Gartendenkmalpflege innerhalb des Landesdenkmalamtes Berlin – und damit denkmalfachlich für über 90 Berliner denkmalgeschützte Kirch- und Friedhöfe zuständig – seit der Wende ganz

unmittelbar auch für den Invalidenfriedhof verantwortlich zu sein. Dieser Aufgabe habe ich mich mit großem persönlichen Interesse und hohem Verantwortungsbewußtsein gestellt, zumal mir die von Jahr zu Jahr zunehmenden denkmalpflegerischen Erfolge die dafür notwendige Kraft gaben. Fotos aus den Jahren um 1990 herum verdeutlichen, wie unglaublich schwierig der Weg von einem in völliger Auflösung begriffenen Invalidenfriedhof zu dem inzwischen erreichten Stand eines fast geheilten Friedhofs war, dem sehr zu Recht wieder das Prädikat eines Denkmals von nationaler Bedeutung beigemessen wird.

Ohne Zweifel war mir in all diesen Jahren unser langjähriger Vorsitzender des Fördervereins Invalidenfriedhof, Klaus Francke, dem ich nach seinem plötzlichen Tod im Jahr 2020 nachfolgte, ein stets präsenter und wichtiger Wegbegleiter. Nicht zuletzt durch seine weitreichenden politischen Verbindungen gelang es ihm immer wieder, neue Freunde für die Arbeit des Fördervereins zu gewinnen und sie für unsere Kulturarbeit zu begeistern. Sein langjähriges Wirken, für das auch ich ihm ganz persönlich sehr dankbar bin, hat bleibende gute Spuren sowohl auf dem Friedhof selber als auch im Förderverein hinterlassen.

Zum besonderen Erfolg des Fördervereins Invalidenfriedhof sollte aber auch der Umstand beitragen, dass schon 1997 Oberstleutnant d. R. Hans Joachim Jung zum Schriftführer gewählt und 2009 zum Geschäftsführer des Fördervereins ernannt wurde – eine Berufung, die sich als außerordentlich fruchtbar erweisen sollte. Seinem bis heute nach wie vor unermüdlichen Wirken, das stets den Erhalt und die

Pflege des Friedhofs im Blick behält, sind nicht nur die in enger Abstimmung mit der Gartendenkmalpflege auf den Weg gebrachten Förderanträge zu verdanken, sondern auch die wichtige Kontaktpflege zu zahlreichen Familienverbänden, engagierten Privatpersonen und nicht zuletzt zur Bundeswehr.

In einem vom Förderverein Invalidenfriedhof ebenfalls 1998 veranstalteten großen Kolloquium wurden wichtige Grundlagen für die weitere Behandlung und denkmalpflegerische Herangehensweise erörtert und entschieden. Dabei war, wie auch später immer wieder, Prof. Dr. Christian Scheer, damals Professor an der Universität Bonn und bis heute langjähriger Vorsitzender unseres Beirats, derjenige Wissenschaftler, der die entscheidenden Hinweise zu den genealogisch-militärhistorischen Hintergründen des Invalidenfriedhofs geben konnte und dem Vorstand des Fördervereins stets gerne mit Rat und Tat half. Ihm sei an dieser Stelle ebenso gedankt wie Prof. Dr. Laurenz Demps, emeritierter Professor der Humboldt-Universität zu Berlin, der mit seinen herausragenden Publikationen dem Invalidenfriedhof als Ort preußisch-deutscher und Berliner Geschichte ein wichtiges Denkmal gesetzt hat.

Mein besonders herzlicher Dank gebührt auch Dr. Christoph Rauhut, Landeskonservator und Direktor des Berliner Landesdenkmalamtes – und damit Chef der für Schutz und Pflege der historischen Friedhöfe Berlins zuständigen Gartendenkmalpflege – für seine stete Unterstützung der wichtigen denkmalpflegerischen Arbeit unseres Fördervereins sowie seine nicht unerhebliche finanzielle Förderung dieser Festschrift. Außerdem danke ich der für die denkmalgeschützten Berliner Kirch- und Friedhöfe im Fachreferat Gartendenkmalpflege zuständigen wissenschaftlichen Fachreferentin, Dipl.-Ing. Gesine Sturm, für ihren jahrelangen besonderen Einsatz gerade auch für den Invalidenfriedhof. In enger und stets vertrauensvoller Zusammenarbeit mit Hans-Joachim Jung hat sie vielfach dazu beigetragen, dass die schließlich erfolgreichen Förderungen auf den Weg gebracht wurden und so manches Problem gelöst werden konnte. Ebenso danke ich dem Stiftungsratsvorsitzenden der v.-Hinckeldey-Stiftung, Heinz-Ulrich von Hinckeldey, sehr herzlich für die gleichfalls beträchtliche Unterstützung unser Arbeit und ganz konkret auch dieser Festschrift.

Nicht zuletzt die Bundeswehr selber, aber auch Berliner Reservistenkameradschaften, haben stets den Kontakt zum Förderverein gesucht und das Ihrige zu Erhalt und Pflege des wertvollen Gräberbestands geleistet. Zudem danke ich dem langjährigen Stellvertretenden Vorsitzenden des Fördervereins Invalidenfriedhof, dem Parlamentarischen Staatssekretär a. D. Thomas Kossendey, dessen Verbindung in das Bundesministerium der Verteidigung diesem Projekt mehr als hilfreich war.

Abschließend möchte ich dem renommierten Verlag Schnell & Steiner für die wahrlich exzellente Ausstattung dieser wertvollen Festschrift sowie unserem Autor, Dr. Guido Hinterkeuser, einem hocherfahrenen Kunsthistoriker und Publizisten, für seine profunden Recherchen und Texte sowie die umfassende Redaktion vielmals danken.

Möge diese Festschrift die Arbeit des Fördervereins Invalidenfriedhof noch viele Jahre begleiten und ihm neue Freunde gewinnen, möge sie in der vielfältigen Denkmallandschaft Berlins sein Selbstbewusstsein fördern und ihm somit eine gute Zukunft sichern.

Der Invalidenfriedhof – kurzer Abriss seiner Geschichte

DER INVALIDENFRIEDHOF –
KURZER ABRISS SEINER GESCHICHTE

Die Geschichte des Invalidenfriedhofs ist vielfach beschrieben worden und gut erforscht. Insbesondere seit der Wiedervereinigung 1990, als der Friedhof aus seiner Grenzlage unmittelbar an der Berliner Mauer wieder ins Zentrum der Stadt rückte, als er aus seinem Dornröschenschlaf erwachte und in den Blickpunkt einer interessierten Öffentlichkeit geriet, sind mehrere grundlegende Bücher erschienen, die weit über die ältere Vorkriegsliteratur hinausgehen.[1] So mag an dieser Stelle ein kurzer Abriss seiner Geschichte genügen, die vor genau 275 Jahren, am 15. November 1748, ihren Anfang nahm.

Schon am 19. Dezember 1746, einige Zeit nach Beendigung der Schlesischen Kriege, fasste Friedrich der Große den Entschluss, eine Anstalt für die Invaliden seiner Armee zu errichten. Zugedacht war sie dem verwundeten, aber unbesiegten Soldaten (»LAESO ET INVICTO MILITI«), wie bald darauf auf dem Mittelrisalit des neuen Hauptgebäudes zu lesen war.[2] Am 2. Mai 1747 erfolgte die Grundsteinlegung zu einer ausgreifenden Dreiflügelanlage mit repräsentativem Ehrenhof, die beidseits von niedrigen Wirtschaftsgebäuden flankiert wurde, die nun ihrerseits zwei weitere großzügige Höfe umfassten. Die Entwürfe zu diesem Bauwerk stammten von dem Architekten und Ingenieur-Kapitän Isaak Jacob Petri, der auch für die Ausführung verantwortlich war.[3] Bereits am 15. November 1748 konnte das Invalidenhaus eröffnet werden, womit auch die Zuweisung eines Begräbnisplatzes an seiner Nordseite verbunden war.[4]

Blick über das Grabfeld C nach Südwesten. Aufnahme 2023

Johann David Schleuen, Das Invalidenhaus von Osten, 1750, kolorierte Radierung

Dem über die Flucht der Seitenflügel herausragenden Corps de Logis waren zwei Kirchengebäude angehängt, eines für die lutherischen Soldaten und ihre Familien im Süden und ein zweites für die Katholiken im Norden, die zunächst allein für die Invaliden gedacht waren, doch schon bald auch von den sich im Umfeld des Invalidenhauses konstituierenden Zivilgemeinden genutzt wurden.[5] Denn zum Invalidenhaus gehörte von Beginn an ein 134 Hektar großes Gelände, das im Osten über die Chausseestraße hinweg bis zur heutigen Gartenstraße reichte. Anfangs war beabsichtigt, dass die Invaliden selbst es bewirtschaften sollten, doch blieb dies eine Illusion und es ließen sich Pächter, Gewerbetreibende und bald auch viele Arbeiter dort nieder, die in eigenen Kirchengemeinden zusammengefasst wurden und dann auch ihre letzte Ruhestätte auf dem Invalidenfriedhof fanden. Dieser war somit kein reiner Garnisonkirchhof.[6]

Die ersten Bestattungen fanden ab 1748 auf dem später sogenannten Grabfeld A statt, das unterhalb des Windmühlenbergs und somit noch weit vom Invalidenhaus entfernt lag. Als erstes Begräbnis überhaupt ist für den 20. Dezember 1748 desjenige des katholischen Unteroffiziers Hans Michael Neumann aus Bamberg überliefert.[7] Darauf folgte am 24. Dezember die Bestattung des Soldaten Christian Springstab, der lutherischen Glaubens war. Im Feld A trifft man noch heute auf die frühesten Grabmäler des Friedhofs (siehe S. 77–81) sowie auf diejenigen der ersten Kommandanten des Invalidenhauses (siehe S. 83–91). Bereits ab 1769 wurde das Grabfeld B für die Verstorbenen der wachsenden Zivilgemeinde eröffnet.[8]

Danach rückte der Friedhof näher an das Invalidenhaus heran. Ab 1824 sollte auf dem Grabfeld C laut königlicher Kabinettsordre ein Platz für die »Nobilitäten der Armee« eingerichtet werden,[9] auch wenn diese in keiner Verbindung mit dem Invalidenhaus standen. Im Gegenteil, die fortan hier beigesetzten hohen Offiziere wurden nicht etwa in den Totenbüchern der Invalidengemeinde verzeichnet,

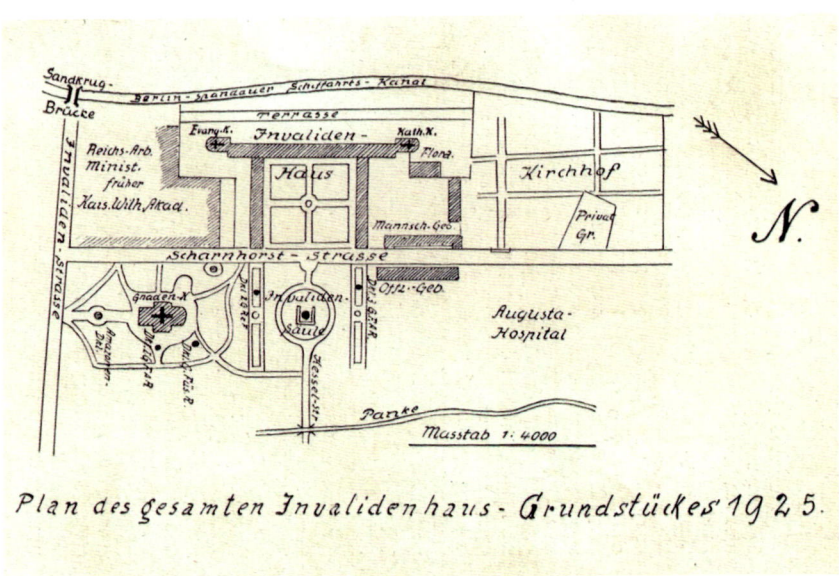

Planskizze des Invalidenhaus-Areals, in: Treuwerth 1925, S. 14

Hauptallee von Ost nach West. Aufnahme 1925

sondern in denjenigen der Zivilgemeinde.[10] 1826 wurden die Gebeine Gerhard David von Scharnhorsts von Prag auf den Invalidenfriedhof überführt (siehe S. 113–123) und eröffneten somit den Ehrenhain. Mit Job von Witzleben (siehe S. 125–129), Hermann von Boyen (siehe S. 137–145) und Friedrich Wilhelm von Rauch (siehe S. 147–151) sollten weitere hochrangige Militärs in unmittelbarer Nähe folgen. Wenige Zeit später, gegen 1835, wurden auch die beiden Hauptalleen angelegt, in deren Schnittpunkt sich das Grabmal für Gustav Friedrich Gottlob von Kessel (1760–1827), den Kommandanten des Invalidenhauses zwischen 1819 und 1827, befindet (siehe Abb. S. 43).[11] Zur Zeit seiner Bestattung war man sich über die Neuordnung des Friedhofs also noch nicht im klaren gewesen.

Das östlich vor Grabfeld C liegende Feld D wurde damals der Zivilgemeinde zugewiesen.[12] Zunehmender Platzmangel führte jedoch dazu, dass sich der Friedhof sukzessive noch weiter ausdehnte.[13] Dies betraf zunächst das bislang brachliegende

Areal in der Nähe des Kanals, wo nunmehr mit Feld E ein neuer Bereich für das Invalidenhaus und mit Feld G für die Zivilgemeinde reserviert waren. Es folgten schließlich Feld H für die Zivilgemeinde und Feld I für das Invalidenhaus, wobei letzteres heute als Parkplatz dient und nicht mehr zum Invalidenfriedhof gehört.

1843 erfolgte nach Entwürfen von Peter Joseph Lenné auf dem Areal östlich des Invalidenhauses und seines Friedhofs die Anlegung des Invalidenparks.[14] Er sollte in den folgenden Jahrzehnten freilich sukzessive bebaut werden. Am 18. Juni 1850 wurde hier der Grundstein zum Nationaldenkmal der Invalidensäule gelegt.[15] Sie lag dem Mittelrisalit des Invalidenhauses direkt gegenüber in der Mitte der heutigen Habersaathstraße. Die 1852 eingeweihte Invalidensäule, die der Architekt Berthold Brunckow entwarf, war 34 Meter hoch und über 186 Stufen begehbar. Bekrönt wurde sie von einem Adler, dessen Flügel es auf eine Spannweite von acht Metern brachten. Um die Säule herum wurden die Gräber für 18 Soldaten angelegt, die während der revolutionären Ereignisse von 1848 auf der Seite des Königs standen und für ihn ihr Leben gelassen hatten. Die meisten von ihnen waren zunächst auf dem Invalidenfriedhof bestattet worden. An der Mauer um die

L. Kraatz nach Ch. Harkort und Berthold Brunckow, Das Nationaldenkmal der Invalidensäule im Invalidenpark, 1850, Lithographie

Grabfeld C mit Grabmälern für die »Nobilitäten der Armee«. Aufnahme 1925

Grabfeld F mit Grabmal für Julius von Verdy du Vernois. Aufnahme 1925

Mausoleum für Carl Rabitz und seine Familie. Aufnahme 1942

Planskizze des Invalidenfriedhofs, in: Treuwerth 1925, S. 111

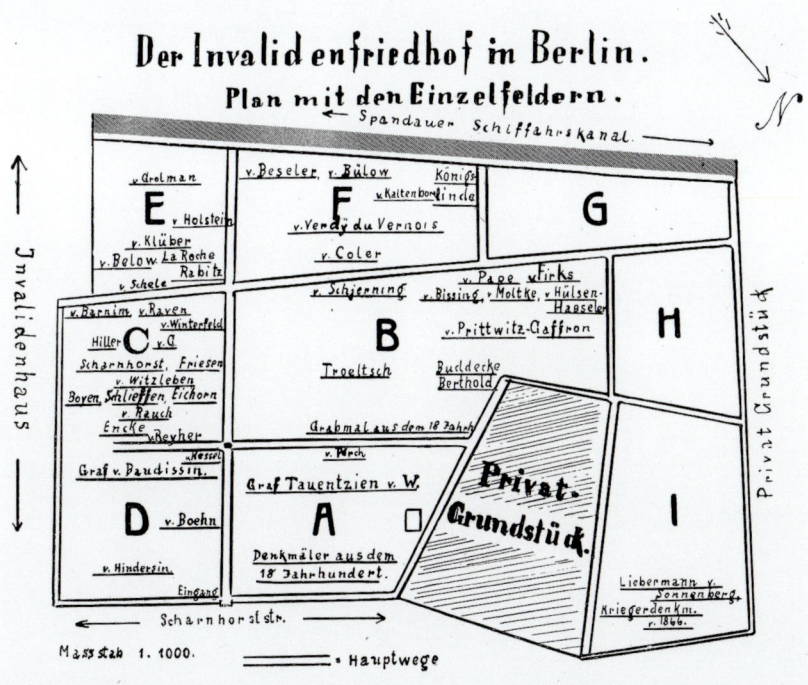

Gnadenkirche / Kaiserin-Augusta-Gedächtniskirche. Aufnahme um 1920

Grabmal für Eduard von Brauchitsch und seine Familie. Aufnahme 1942

Invalidensäule herum wurden zudem die Namen von insgesamt 475 Soldaten angebracht, die in ganz Deutschland auf Seiten der Obrigkeit gefallen waren.

In den 1890er Jahren erhielten die beiden enorm angewachsenen Zivilgemeinden eigene Kirchengebäude und verließen die Kirchen am Invalidenhaus. Für die Katholiken war dies ab 1893 die Sebastianskirche auf dem Gartenplatz, während den Evangelischen ab 1895 die in unmittelbarer Nähe nach Entwürfen von Max Spitta errichtete Kaiserin-Augusta-Gedächtniskirche zur Verfügung stand.[16] Beide Gemeinden gaben damit die Kapellen im Invalidenhaus auf, die sie seit 1748 genutzt hatten.

Königslinde. Aufnahme 1925

Alte Friedhofsmauer zum Berlin-Spandauer Schiffahrtskanal mit zugemauertem Balkon am Standort der ehemaligen Königslinde. Aufnahme 1990

Schon 1849 war der alte Schönhauser Graben zum Berlin-Spandauer Schiffahrtskanal ausgebaut worden, der den Friedhof wirkungsvoll nach Westen begrenzt (siehe Abb. S. 49). 1902 entstand oberhalb des Kanals die bis heute den Friedhof prägende alte Friedhofsmauer.[17] Man darf es als Glücksfall betrachten, dass sie noch existiert, lag sie doch seit 1945 kurz hinter der Sektorengrenze, die hier entlang des Schiffahrtskanals verlief. Anscheinend wurde die alte Mauer ab 1961 jedoch für ausreichend befunden, die vordere Grenze der Berliner Mauer zu bilden und nicht etwa durch die ansonsten übliche hohe Betonmauer ersetzt. Ab 1902 besaß sie eine Öffnung, die lediglich mit einem Gitter geschlossen war und somit einen Ausblick auf den Kanal erlaubte. Hier stand auch die sogenannte Königslinde, die angeblich noch aus der Zeit Friedrichs des Großen stammte.[18] Mit Errichtung der Grenzanlagen wurden die Öffnung vermauert und die Linde gefällt. 1998 konnte die ursprüngliche Situation wiederhergestellt werden (siehe Abb. S. 50).

Ebenfalls 1902 entstand der Neubau des Augusta-Hospitals an der Scharnhorststraße, direkt gegenüber dem Friedhof, der sich bis heute erhalten hat (siehe

S. 167–169).[19] Zwischen 1905 und 1910 wurde vorne an der Invalidenstraße ein repräsentativer Neubau für die Kaiser-Wilhelm-Akademie errichtet, die sogenannte Pepinière, die der Ausbildung von Militärärzten diente.[20] Ab 1918 war darin das Reichsarbeitsministerium untergebracht, und heute befindet sich hier das Bundeswirtschaftsministerium. Das Reichsarbeitsministerium übernahm dann auch ab 1918 die Verwaltung des Invalidenhauses, das damals in eine Stiftung umgewandelt wurde. Diese wiederum gab 1937 ihren angestammten Sitz auf und zog nach Frohnau im Norden Berlins. Damals waren Bestattungen der Zivilgemeinde nur noch in Ausnahmefällen möglich.[21] Schon ab 1925 waren viele derjenigen Gräber, die schon länger als dreißig Jahre bestanden, beseitigt worden. Dabei machten die Beräumungen auch vor den Grabstätten zahlreicher Generäle des 19. Jhs. nicht halt.[22] Glaubt man den Zahlen, so wurden bereits in dieser Zeit mehr als die Hälfte aller Gräber aufgegeben.[23] Es gab aber auch Ausnahmen, wie die 1920 erfolgte aufwendige Restaurierung des Grabmals für Friedrich Wilhelm von Rohdich belegt. Überhaupt wurden gerade Soldaten bis 1945 nach wie vor auf dem Invalidenfriedhof bestattet, darunter auch mehrere prominente Jagdflieger wie Manfred Freiherr von Richthofen (1892–1918), Rudolf Berthold (1891–1920), Ernst Udet (1896–1941) und Werner Mölders

Blick über die DDR-Grenzanlagen im Bereich des Invalidenfriedhofs und entlang des Berlin-Spandauer Schiffahrtskanals nach Süden. Aufnahme vor 1990

Grabfeld C mit dem Grabmal für Hans Karl von Winterfeld vor der Hinterlandmauer der einstigen DDR-Grenzanlagen. Aufnahme 1990

Blick durch die Hinterlandmauer der einstigen DDR-Grenzanlagen nach Süden. Aufnahme 1990

Blick über das Grabfeld G nach Süden entlang des einstigen Kolonnenwegs. Aufnahme 1992

Blick über das Grabfeld F nach Norden entlang des einstigen Kolonnenwegs. Aufnahme 1992

Blick über das Grabfeld F nach Nordwesten mit dem einstigen Kolonnenweg. Aufnahme 1992

Grabfeld C mit den Grabmälern für Julius Nolte und Max Hoffmann im Hintergrund. Aufnahme 1990

(1913–1941). In der Zeit um 1942 wurde in einer Denkschrift Ernst von Harnacks der Vorschlag ins Spiel gebracht, die bedeutendsten Grabstätten in den Ehrenhof des Invalidenhauses zu überführen, was jedoch unterblieb.[24]

Den Zweiten Weltkrieg überstand der Friedhof leidlich, allerdings wurde das Invalidenhaus schwer getroffen, so dass man die Ruine seines Mittelrisalits später abriss.[25] Am 17. Mai 1946 erfolgte ein alliierter Kontrollratsbeschluss über die Entfernung aller »militaristischen und nationalsozialistischen Denkmäler.« Am 14. August 1948 wurde die völlig intakte Invalidensäule gesprengt.[26] Für das Jahr 1950 sind weitere Abräumaktionen auf dem Friedhof überliefert. Sicherlich spielte dabei auch eine Rolle, dass nach den Kriegsereignissen Angehörige ebenfalls verstorben waren oder Berlin verlassen hatten, so dass manche Grabstätten schlicht verwaist waren und sich niemand mehr darum kümmerte. Am 30. April 1951 wurde ein Beschluss des Magistrats von Berlin über die Schließung des Friedhof erlassen. Damit war die Ruhefrist aller vor 1925 belegten Gräber abgelaufen, und da zugleich verfügt wurde, dass deren Grabausstattung, also vor allem Grabeinfassungen und Grabsteine, in das Eigentum von Berlin übergehen sollten, setzte eine große Zerstörungswelle ein. Vor allem die Mausoleen traf es, nicht zuletzt dasjenige der Familie des Maurermeisters Carl Rabitz im Grabfeld E, das zu den Höhepunkten des Friedhofs zählte.[27] Es wäre aber in jedem Fall den später eingerichteten Grenzanlagen zum Opfer gefallen und hatte somit keine Chance des Weiterbestehens. Entgegen dem Trend der zunehmenden Zerstörung soll es 1956 kurzzeitig Pläne von Ost-Berliner Seite gegeben, den Invalidenfriedhof als zentralen Friedhof für bedeutende Persönlichkeiten umzugestalten.[28] Dazu kam es freilich nie.

Die erhaltenen Fotos dokumentieren eindrucksvoll die Zerstörungen, die der Invalidenfriedhof insbesondere ab 1961 erfuhr. Mit dem Bau der Berliner Mauer gelangten die Grabfelder E, F und G sukzessive in den Bereich des Todesstreifens und wurden vollständig abgeräumt. Der Besuch der östlichen Bereiche war hingegen nur noch eingeschränkt möglich.[29] Auch hier trat ein zunehmender Verfall ein, so dass die einstige Dichte an Grabstätten und Vegetation, die die Fotos aus der Vorkriegszeit überliefert, heute nur noch ansatzweise zu erleben ist. Alles in allem weist der Friedhof heute noch knapp 250 überirdisch sichtbare Grabstellen auf.

1 Zu den Publikationen über den Invalidenfriedhof siehe ausführlich S. 56–59 in diesem Buch.
2 Zur Errichtung des Invalidenhauses: Demps 1996, S. 13–34; Demps 1998, S. 17–29; Demps 2010, S. 11–40.
3 Zu Isaak Jakob Petri: Heckmann 1998, S. 381–383.
4 Treuwerth 1925, S. 5; Demps, 1996, S. 22, 45; Demps 1998, S. 30.
5 Zur Zivilgemeinde: Demps 1996, S. 35–44.
6 Hintze 1937, S. 9.
7 Demps 1996, S. 45; Demps 1998, S. 30.
8 Demps 1996, S. 51.
9 Ebd., S. 46, 53.
10 Ebd., S. 53.
11 Ebd., S. 51.
12 Ebd., S. 53.
13 Ebd.
14 Krosigk 2003a, S. 14.
15 Demps 2010, S. 93–96. – Eine detaillierte Beschreibung der Feierlichkeiten in: Rahn 1854, S. 14–22.
16 Zur Kaiserin-Augusta-Gedächtniskirche siehe S. 66–69 in diesem Buch – Zudem: Demps 2010, S. 155–157.
17 Zur Friedhofsmauer: Invalidenfriedhof 2003, S. 84.
18 Zur Königslinde: Invalidenfriedhof 2003, S. 84.
19 Demps 2010, S. 97–104.
20 Demps 2010, S. 146–154.
21 Hintze 1937, S. 10.
22 Krosigk 2003a, S. 16.
23 In der Literatur ist die Rede von 3.000 Grabstellen im Jahr 1937 (Hintze 1937, S. 10) gegenüber 6.000 Grabstellen im Jahr 1925 (Treuwerth 1925, S. 13).
24 Krosigk 2003a, S. 17.
25 Demps 1996, S. 84. – Zur Nachkriegsgeschichte des Invalidenfriedhofs: Demps 1996, S. 85–103; Demps 1998, S. 49–62.
26 Demps 2010, S. 183–185.
27 Zum Grabmal für Carl Rabitz: Treuwerth 1925, S. 43; Hintze 1937, S. 54, Nr. 86; Krosigk 2018, S. 240.
28 Krosigk 2003a, S. 17.
29 Klausmeier/Schmidt 2007, S. 132–139.

Der Förderverein Invalidenfriedhof e.V. und sein 30-jähriges Wirken

DER FÖRDERVEREIN INVALIDENFRIEDHOF e.V. UND SEIN 30-JÄHRIGES WIRKEN

Die Gründung des Fördervereins Invalidenfriedhof e.V.

Die Gründung des Fördervereins Invalidenfriedhof erfolgte am 6. November 1992 in den Räumen der Kulturstiftung der Länder, deren Sitz sich damals am Kurfürstendamm 102 befand. Neun Herren waren zusammenkommen, um eine bereits vorliegende Satzung zu diskutieren und zu beschließen, das Gründungsprotokoll zu unterzeichnen und einen künftigen Vorstand zu bestimmen. All dies dauerte nicht einmal eine Stunde.[1]

Zum Vorsitzenden des Vereins wurde der damalige Präsident der Stiftung Preußischer Kulturbesitz, Prof. Dr. Werner Knopp (1931–2019), gewählt. In seinem Dienstsitz, der Villa von der Heydt, sollte der Vorstand in den nächsten Jahren zusammenkommen. Seine beiden Stellvertreter wurden der Verleger Wolf Jobst Siedler (1926–2013) und der CDU-Bundestagsabgeordnete Klaus Francke (1936–2020). Wolf Jobst Siedler ist bekannt durch seine zahlreichen Essays und Bücher, die er dem von zwei Diktaturen, Krieg, Teilung und teils rücksichtslosem Wiederaufbau geschundenen Berlin und einer vom untergegangenen Preußen immer noch geprägten Stadt- und Kulturlandschaft widmete. Klaus Francke sollte den Verein, dessen Vorsitz er später für 22 Jahre übernahm, nachhaltig prägen. Schatzmeister wurde Andreas Graf von Hardenberg, Schriftführer Brigadegeneral Hasso von Uslar-Gleichen, damals Kommandeur des Standortkommandos Berlin.

Eingang zum Invalidenfriedhof an der Scharnhorststraße.
Aufnahme 2023

Als erste bleibende Maßnahme gab der Verein eine ebenso repräsentative wie informative Broschüre heraus, um für den teils bis zur Unkenntlichkeit ramponierten, doch kulturgeschichtlich hochbedeutenden Friedhof zu werben Finanziert wurde sie von der Kulturstiftung der Länder, die sich unter ihrem damaligen Generalsekretär Dr. Klaus Maurice gerade in den ersten Jahren nach der Wiedervereinigung für den Erhalt bedeutender nationaler Kulturdenkmäler einsetzte. Die bewusst als Aufruf deklarierte Schrift erhielt denn auch einen schlagkräftigen Titel: *Helfen Sie uns, den Invalidenfriedhof in Berlin als Ort der Geschichte würdig zu erhalten.*[2] Den Text zur Geschichte des Invalidenhauses und seines Friedhofs verfasste der Historiker Prof. Dr. Laurenz Demps, Professor an der Humboldt-Universität Berlin, der sich in den folgenden Jahren intensiv mit dem Friedhof und seiner Umgebung beschäftigen sollte und mehrere bis heute maßgebliche Publikationen dazu vorlegte. In der Broschüre führten eindrucksvolle Fotografien nicht nur den Vorkriegszustand, sondern auch die aktuelle Situation aus Berliner Mauer und Todesstreifen, die sich durch ganze

»Helfen Sie uns, den Invalidenfriedhof in Berlin als Ort der Geschichte würdig zu erhalten. Ein Aufruf des Förderverein Invalidenfriedhof«, 1993 veröffentlicht von der Kulturstiftung der Länder

Grabfelder fraßen, vor Augen. Außerdem steuerte Dr. Klaus-Henning von Krosigk, der Leiter der Berliner Gartendenkmalpflege, einen kurzen Beitrag bei, in dem er bereits detailliert seine Strategie für den künftigen Umgang erläutert.

Am Ende der Schrift formuliert der Förderverein seine Absichten: »Es ist sein Ziel, den kultur-, militär- und sozialgeschichtlich bedeutsamen Invalidenfriedhof in seinem historischen Umfang als ein Denkmal der deutschen, preußischen und Berliner Geschichte und als Ort der Besinnung zu erhalten, würdig zu gestalten und zu pflegen. Der Invalidenfriedhof soll als Stätte des Nachdenkens über die deutsche Geschichte erhalten und behutsam restauriert werden. Die denkmalpflegerische Sicherung vorhandener Grabdenkmale und die Restitution bedeutsamer Grabanlagen sollen gefördert werden. Die Geschichte des Friedhofs und der beigesetzten Personen sollen untersucht werden.«[3]

Konkret nahm man sich vor, Veranstaltungen zu organisieren, Publikationen vorzulegen und denkmalpflegerische Maßnahmen zu finanzieren, wobei über all dem die Einwerbung von Mitteln und Spenden steht. Heute lässt sich aus der Rückschau feststellen, dass der Verein in all diesen Punkten sehr erfolgreich war. Die Schrift eignete sich hervorragend, mögliche Geldgeber umfassend zu informieren und Mitglieder für den neugegründeten Verein zu gewinnen. Dass der damalige Bundeskanzler, Dr. Helmut Kohl, ein Geleitwort schrieb, trug zu der hohen Reputation bei, die der Verein bis heute genießt.

Das Fachreferat Gartendenkmalpflege des Landesdenkmalamtes Berlin

1991 übernahm die Abteilung III der Senatsverwaltung für Stadtentwicklung und Umweltschutz den Invalidenfriedhof vermögensmäßig.[4] Heute gehört er dem Land Berlin und wird vom Straßen- und Grünflächenamt Berlin-Mitte verwaltet und gepflegt. Eine gewichtige, ja entscheidende Rolle zur Wiederherstellung des Friedhofs spielte ab 1991 das Fachreferat Gartendenkmalpflege des Landesdenkmalamtes Berlin, dessen damaliger Leiter und heutiger Vorsitzender des Fördervereins Invalidenfriedhof e.V., Dr. Klaus-Henning von Krosigk, sich mit hohem persönlichen Einsatz für diesen Friedhof engagierte – und dies in einer Zeit, als die Berliner Gartendenkmalpflege angesichts der Wiedervereinigung mit einer Vielzahl an neuen Aufgaben gleichzeitig konfrontiert war. Zuvor hatte bereits die Arbeitsstelle Berlin des Instituts für Denkmalpflege der DDR, und hier namentlich die Oberkonservatorin Sybille Schulz, erste Schritte zur Rettung des Friedhofs unternommen. Sybille Schulz war es zu verdanken, dass ein Gutachten schon 1986 den »Denkmalverdacht für die Gesamtanlage« ausgesprochen hatte,[5] ehe der Friedhof dann 1990 tatsächlich offiziell unter Denkmalschutz gestellt wurde.[6] Außerdem entwickelte sie in diesem Jahr ein erstes Restaurierungskonzept für den erhaltenen Bestand und erstellte ein Inventar der überkommenen Grabstätten.[7] An den Grabmälern für Michael Ludwig von Diezelsky (siehe S. 83–85), Ernst Otto von Reineck (siehe S. 87–91), Friedrich Wilhelm von Rohdich (siehe S. 93–97) und Johann Friedrich von Pelkowsky konnten erste konservatorische Maßnahmen eingeleitet werden, während die Grabstätte für Karl Friedrich Friesen (siehe S. 131–135) mit ihrem gusseisernen Kreuz gar vollständig instandgesetzt wurde.[8] Ebenfalls bereits 1990 wurde das Schutzdach über dem Grabmal für Gerhard David von Scharnhorst (siehe S. 113–123) angebracht, um den von Christian Friedrich Tieck in Marmor ausgeführten Relieffries vor weiteren Witterungsschäden zu schützen.

Nach dem Übergang des Invalidenfriedhofs in den Verantwortungsbereich des Fachreferats Gartendenkmalpflege des Landesdenkmalamtes Berlin ließ dessen Leiter, Dr. Klaus-Henning von Krosigk, eine grundlegende und auf Langfristigkeit abzielende Strategie zu dessen Sanierung entwickeln. Dazu gehörte zunächst auch die Vergabe zweier Gutachten, um das vorhandene Wissen über den Friedhof zu ermitteln und deutlich zu erhöhen.[9] Das eine davon, das die Landschaftsarchitektin Azemina Selmanagić-Bruch erarbeitete, befasst sich mit Bestand, Entwicklung und Zukunft des Invalidenfriedhofs und und ermittelt die verlorenen Grabstätten anhand einer Neuvermessung. Das andere, vorgelegt im April 1992 von Prof. Dr. Laurenz Demps, behandelt die Geschichte des Invalidenfriedhofs, und dies nicht zuletzt auf der Basis einer Vielzahl bis dahin unbekannter Fotos.

Schon am 18. Oktober 1991 erarbeitete die Berliner Gartendenkmalpflege ein Zehn-Punkte-Programm, an dem neben v. Krosigk auch die beiden Oberkonservatorinnen Sybille Schulz und Gabriele Schulz mitwirkten und dessen Ergebnisse im Januar 1992 schriftlich festgehalten wurden.[10] Dieses Programm war Richtschnur für die anstehende Wiederherstellung des Friedhofs und wurde auch Teil des Selbstverständnisses des Fördervereins, dessen Unterstützungsmaßnahmen sich stets daran orientierten. Aufgrund der außerordentlichen Bedeutung, die diesen Leitsätzen für das heutige Erscheinungsbild des Friedhofs zukommt, werden sie an dieser Stelle noch einmal vollständig abgedruckt:[11]

Grabanlagen für Friedrich Wilhelm von Rauch und Gerhard David von Scharnhorst. Aufnahme 1991

❶ »Der unter Denkmalschutz stehende Invalidenfriedhof ist ein nationales Kulturdenkmal. Er ist als Teil der preußisch-deutschen wie auch der Berliner Geschichte zu bewahren und in seiner Aussagekraft zu stärken.

❷ Es ist alles zu vermeiden, was den Invalidenfriedhof in die Nähe ideologischen Missbrauchs bringt. Es schadet seinem Ansehen und verhindert eine sachbezogene Kulturarbeit.

❸ Die Spuren der Zerstörung sind zum mahnenden Gedenken teilweise zu erhalten. Eine vollständige Rekonstruktion ist aus konservatorischen Gründen nicht möglich und zur Bewahrung der Geschichtlichkeit auch nicht wünschenswert.

❹ Der Friedhof erhält in bestimmten Bereichen eine Neugestaltung, diese nimmt jedoch Bezug auf seine Geschichte.

⑤ Die noch vorhandenen Gräber, Grabsteine, Grabeinfriedungen und Friedhofsmauern sind sorgfältig zu restaurieren. Rekonstruktionen sind auf das unbedingt notwendige Maß zu reduzieren.

⑥ Die den Friedhof jahrhundertelang prägende Gehölzvegetation ist zu erhalten und, wo möglich, z. b. durch Alleen/Königslinde u.a. mehr zu regenerieren. Die ›Trostlosigkeit und Leere‹ des Friedhofs ist hierdurch zu mildern.

⑦ Der ehemalige Todesstreifen sollte auch in Zukunft zum mahnenden Gedenken in seiner besonderen Räumlichkeit erhalten bleiben. Die anzulegende Rasenfläche wird mit einigen Wegen erschlossen. Grabrestitutionen sind wie in den übrigen Feldern als einheitlich gestaltete, liegende Grabsteine ohne zusätzliche Bepflanzung vorzusehen.

⑧ Ein geeignetes Mahnmal hat an das dem Friedhof zugefügte Unrecht zu erinnern, sollte jedoch zugleich versöhnende und damit in die Zukunft weisende Akzente setzen.

⑨ Der Friedhof ist seit 1961 geschlossen (jedoch nicht aufgehoben) und insofern nicht mehr als Friedhof, sondern als ›Gedenkstätte‹ zu betrachten. Aus fachlicher, wie auch aus Sicht der Betroffenen ist seine technische Ausstattung und ein notwendiger Sicherheitsstandard zu gewährleisten.

⑩ Um den Invalidenfriedhof im Gedächtnis zu bewahren, seine wechselvolle und beispielhafte Geschichte zu erläutern und vor Missbrauch zu schützen, ist ein breit angelegtes Informationsangebot wünschenswert.«

Am 27. Februar 1992 kam auf Einladung v. Krosigks erstmals ein Gesprächskreis Invalidenfriedhof zusammen, der wegweisende Entscheidungen traf. Insbesondere erteilte er beiden Extrempositionen, die auch zur Diskussion standen, eine klare Absage: Weder sollte die 1990 vorgefundene, völlig disparate Situation als mahnendes Lehrstück konserviert noch das Erscheinungsbild des historischen Friedhofs rekonstruiert werden. Vielmehr erfolgte ein Plädoyer für die »angemessene Berücksichtigung aller historischen Schichten, einschließlich der jüngsten Vergangenheit.«[12] Gerade dieser Einstellung ist es zu verdanken, dass auf dem Invalidenfriedhof einige große Segmente der Hinterlandmauer der einstigen DDR-Grenzanlagen erhalten blieben und schließlich unter Denkmalschutz gestellt wurden.[13] Sie geben Denkanstöße und erklären augenfällig, weshalb manche Grabfelder weitgehend kahl sind und nur wenige Grabstätten aufweisen. Parallel leitete das Referat Gartendenkmalpflege weitere wichtige Sanierungs- und Restaurierungsmaßnahmen auf dem Friedhof

Hinterlandmauer der einstigen DDR-Grenzanlagen, Seite nach Osten (oben) und nach Westen (unten). Aufnahmen 2023

Blick über das Grabfeld F nach Norden entlang des ehemaligen Kolonnenwegs

ein. Schon 1991 wurde die im Kreuzungspunkt der beiden Hauptalleen gelegene Grabstätte von Gustav Friedrich Gottlob von Kessel (1760–1827), dem Kommandanten des Invalidenhauses zwischen 1819 und 1827, wiederhergestellt.[14] Deren gusseiserne Grabplatte lag eingesunken in der Ebene des Weges und wurde restauriert und ertüchtigt, während sich der zugehörige Sandsteinblock und das niedrige Umfassungsgitter nicht erhalten hatten und deshalb rekonstruiert wurden. Außerdem wurden entlang der beiden Hauptachsen die verlorenen Lindenbäume neu gepflanzt, wodurch der Friedhof zwei seiner prägenden Alleen zurückerhielt.[15]

In dieser Zeit wurde das Konzept der 60 x 60 cm großen Erinnerungssteine entwickelt, um gänzlich verlorene Grabmäler zu markieren. Dies war nicht zuletzt auch

Grabmal für Gustav Friedrich Gottlob von Kessel. Aufnahmen 1991 (oben) und 2023 (unten)

Hauptallee von West nach Ost mit den neu gepflanzten Lindenbäumen. Aufnahmen 1991 (oben) und 2023 (unten)

Erinnerungsstein für Ernst Troeltsch (oben) und Eduard von Brauchitsch und seine Familie (unten). Aufnahmen 2023

eine Reaktion auf inzwischen eingehende Anträge von Angehörigen zur Grabrestitution.[16] Anfänglich wollte man auf militärische Ränge noch verzichten, doch setzte sich rasch die Erkenntnis durch, dass die Nennung des letzten Dienstgrads zum Verständnis des Friedhofs und der auf ihm Bestatteten unabdingbar ist. Den ersten Erinnerungsstein erhielt 1992 der im Grabfeld B bestattete Theologe Ernst Troeltsch (1865–1923).[17] Nach verschiedenen Versuchen hat sich ein Stein aus schwarzem Granit als ebenso würdige wie witterungsbeständige und pflegeleichte Lösung bewährt. Sie werden bis heute von dem Steinmetz und Bildhauermeister Stefan Scheybal geschaffen, dem auch die Restaurierung des ein oder anderen Grabmals verdankt wird. Endgültig durchsetzen innerhalb der Verwaltung ließ sich das Konzept der Erinnerungssteine erst 1999 dank der Initiative des damaligen technischen Leiters des Natur- und Grünflächenamtes des Bezirks Berlin-Mitte, Dipl.-Ing. Klaus Model, der seit 2014 auch dem Beirat des Fördervereins angehört.

Die großen Wiederherstellungsmaßnahmen

»Gartendenkmale in Berlin: Friedhöfe«, 2008 herausgegeben von Jörg Haspel und Klaus-Henning von Krosigk

1992 wurde der Beschluss gefasst, das Scharnhorst-Grabmal, zweifelsohne der Höhepunkt unter allen Grabstätten, vollumfänglich zu restaurieren (siehe S. 113–123).[18] Tatsächlich konnten die Arbeiten bis 1996 abgeschlossen werden, so dass es dann auch möglich war, das störende Schutzdach wieder abzubauen. Auch die Sanierung des Grabmals für Hermann von Boyen, dessen Rückwand nicht mehr vor Ort vorhanden war, sondern sich inzwischen an anderer Stelle befand, wurde in dieser Zeit eingeleitet (siehe S. 137–145).[19] Allerdings sollten sich hier die Arbeiten, wozu die Rekonstruktion der beiden Viktoriensäulen zählten, noch bis 2003 hinziehen. In Würdigung der außerordentlich gelungenen Wiederherstellung entschied Dr. Klaus-Henning von Krosigk, diese Anlage auf das Titelbild des 2008 erschienenen großen Inventarbands

Ingrid von Staudy und Klaus-Henning von Krosigk auf dem Invalidenfriedhof. Aufnahme 2006
Einweihung Grabstätte für die Schwestern des Augusta-Hospitals. Aufnahme November 1998

Friedhofsmauer zur Scharnhorststraße. Aufnahme 2023

Gartendenkmale in Berlin: Friedhöfe zu setzen.[20] Das Grabmal für Hans Karl von Winterfeld überstand die Jahrzehnte der deutschen Teilung trotz seiner unmittelbaren Nähe zu den Grenzanlagen leidlich und wurde bereits 1995 im Auftrag und mit Mitteln des von Winterfeld(t)schen Familienverbands e. V. umfassend instandgesetzt (siehe S. 153–159).[21] 1998/99 wurde mit Geldern des v. Rohdich'schen Legatenfonds das Grabmal seines Stifters Friedrich Wilhelm von Rohdich restauriert (siehe S. 93–97).[22]

Schon ab 1996 bereitete der Förderverein, in Absprache mit der Gartendenkmalpflege, einen Antrag vor, den er im August 1997 bei der Stiftung Deutsche Klassenlotterie Berlin einreichte und der im Januar 1998 bewilligt wurde.[23] Mit Mitteln in Höhe von 1,13 Millionen DM wurde die Restaurierung von zehn bedeutenden Grabmälern ermöglicht, die dann auch weitgehend bis zum Ende des Jahres zügig durchgeführt wurde. Darunter fielen die Grabmäler für Michael Ludwig von Diezelsky. Friedrich Bogislav Emanuel Graf Tauentzien von Wittenberg, die Gebrüder v. Pirch, Job von Witzleben, Friedrich Wilhelm von Rauch und die Grafen v. Hülsen-Haeseler, die allesamt im abschließenden Kapitel der vorliegenden Publikation ausführlich vorgestellt werden.[24] Und auch die Wiederherstellung der Grabstätte für die Schwestern des Augusta-Hospitals wurde mit diesen Geldern finanziert. In

Alte Friedhofsmauer am Berlin-Spandauer Schiffahrtskanal nach Westen (oben) und zum Friedhof (unten). Aufnahmen 2023

Königslinde. Aufnahme 2023

diesem Fall war die Wiederherstellung allerdings nur möglich dank den Forschungen von Ingrid von Staudy, der die Schwestern des Augusta-Hospitals besonders am Herzen lagen. Frau v. Staudy besaß zeit ihres Lebens eine große emotionale Bindung an den Invalidenfriedhof, sind hier doch ihre Großeltern, ihr Vater und ihr im Krieg gefallener Bruder bestattet. Das im Feld C gelegene repräsentative Familiengrab blieb erhalten.[25] Schließlich konnten auch die erst im Sommer 1998 entdeckten barocken Sarkophag-Grabmäler mit Mitteln der Stiftung Deutsche Klassenlotterie Berlin restauriert und in einen würdigen Zustand versetzt werden.

Mit den in dieser Zeit, zwischen 1998 und 2002, verstärkt eingeworbenen Geldern – zu nennen sind hier insbesondere das Bundesverwaltungsamt in Köln sowie der Beauftragte der Bundesregierung für Kultur und Medien – wurden nicht nur Grabmäler restauriert und instandgesetzt, sondern auch Maßnahmen finanziert, um das Friedhofsgelände, das teils einer Brache glich, wieder stärker an seine ursprüngliche Gestalt anzunähern oder – wo dies nicht gelang – zumindest den Anschein einer einigermaßen gepflegten Parklandschaft herzustellen. Außerdem erhielt der Eingang zur Scharnhorststraße damals ein neues Tor und es wurde ein Lapidarium eingerichtet, um diejenigen Originale, die durch Kopien ersetzt werden mussten, zu bergen.[26]

Aufwendig gestaltete sich die zwischen 1998 und 2002 durchgeführte Sanierung der 1902 aus Ziegel- und Klinkersteinen errichteten Mauer, die den Friedhof nach Westen zum Berlin-Spandauer Schiffahrtskanal hin begrenzt. Sie ist etwa 2,20 Meter hoch und zieht sich über 250 Meter hinweg. Hier war es nicht allein erforderlich, beschädigte oder gar verlorene Zierelemente und Pfeilerbekrönungen zu reparieren oder zu ersetzen sowie die einzelnen Felder wieder hell zu verputzen, sondern es galt, die Konstruktion insgesamt zu stabilisieren.[27]

1998 wurde dank der Unterstützung der *Dr. Hermann und Ellen Klaproth-Stiftung* das die alte Friedhofsmauer durchbrechende Balkongitter rekonstruiert, begleitet von der Neupflanzung der einstigen Königslinde und der sie auf drei Seiten umfassenden Ruhebank.[28] Im Jahr 2000 schließlich wurde nicht allein der kurze Stichweg zur Königslinde neu angelegt, sondern auch die annähernd parallel zum Kolonnenweg verlaufende historische Nord-Süd-Allee, die die westlichen Grabfelder (E, F, G) von den inneren Feldern (C, B, H) trennt.[29]

Blick über das Grabfeld B nach Süden auf die parallel zum Kolonnenweg (rechts) verlaufende Nord-Süd-Allee (links). Aufnahme 2023

Vorstand und Beirat des Fördervereins seit 1998

Eine erste Zäsur erlebte der Förderverein 1998 mit der Wahl eines neuen Vorstands. Der bisherige stellvertretende Vorsitzende, Klaus Francke MdB, übernahm den Vorsitz und sollte ihn 22 Jahre bis zu seinem unerwarteten Tod am 28. Juni 2020 innehaben. Man kann mit Fug und Recht sagen, dass er über diesen langen Zeitraum hinweg das Gesicht des Vereins war und ihn maßgeblich prägte. Durch seine Kontakte als langjähriger Abgeordneter des Deutschen Bundestags, dem er von 1976 bis 1998 und dann noch einmal vom November 2001 bis September 2002 angehörte, war es ihm möglich, hochrangige Politiker und selbst Minister für die Anliegen des Vereins zu gewinnen. Auch in seiner Heimatstadt Hamburg stand er zeitweilig zwei Denkmalvereinen vor, dem Verein Rettet die Deichstraße e.V. und seit 2005 dem Förderkreis Mahnmal St. Nikolai e.V. Gedenken und Versöhnung, das Wachhalten der Erinnerung an Krieg und Gewaltherrschaft sowie die Stärkung des allgemeinen Geschichtsbewusstseins waren Anliegen, für die er sich mit großem Engagement einsetzte.

Bereits wenige Jahre zuvor hatte sich 1994 ein Beirat konstituiert, der die Arbeit des Vorstands in erster Linie fachlich unterstützen sollte. Von Beginn an gehörte ihm Prof. Dr. Christian Scheer an, der damals als Professor an der Rheinischen Friedrich-Wilhelms-Universität in Bonn lehrte und 2013 auch dessen Vorsitz übernahm, den er bis heute innehat. Seine biographischen Forschungen zu einzelnen auf dem Friedhof bestatteten Persönlichkeiten, gerade auch den weniger bekannten, sind für den Verein von großer Hilfe, wenn es um die Restaurierung von Grabstätten oder die Setzung eines Erinnerungssteins geht. Ebenfalls zum Beirat der ersten Stunde gehörten Prof. Dr. Laurenz Demps und Dr. Klaus-Henning von Krosigk, die dann allerdings 1998 bzw. 2013 in den Vorstand wechselten. Brigadegeneral Hasso von Uslar-Gleichen, der bereits 1997 als Schriftführer aus dem Vorstand ausgeschieden war, hatte dann noch für elf Jahre den Vorsitz des Beirats inne.

Zum heutigen Tag gehören dem Vorstand des Fördervereins Invalidenfriedhof e.V. neben dem Vorsitzenden, Dr. Klaus-Henning von Krosigk, der Parlamentarische Staatssekretär a.D. Thomas Kossendey, die Landschaftsarchitektin Azemina Bruch, Christina Nagel und Oberstleutnant a.D. Hans Joachim Jung an, der zudem die Geschäftsführung des Vereins innehat. Zum Beirat gehören neben Prof. Dr. Christian Scheer, seinem Vorsitzenden, Dipl.-Ing. Klaus Model, der ehemalige Berliner

Kulturstaatssekretär André Schmitz, Pfarrer Michael Kösling sowie Hauptmann a. D. Ernst Schüßling, der Geschäftsführer des von Rohdich'schen Legatenfonds.

Grabstätten und Erinnerungssteine

Es sind die herausragenden Grabmäler des späten 18. und des 19. Jahrhunderts, die den kunst- und kulturhistorischen Rang des Invalidenfriedhofs ausmachen. Sie stechen heute, vor dem Hintergrund der zahlreich verlorenen Grabstätten, um so deutlicher hervor. Doch sind es gerade die einfacheren Grabstätten, die dem Areal überhaupt den Charakter eines Friedhofs verleihen, so dass sich der Förderverein Invalidenfriedhof e. V. ihrer Pflege und Erhaltung besonders annahm. Hinzu kommt, dass sich in diesen Fällen die erforderlichen Mittel für eine einzelne, abgeschlossene Maßnahme meist in einem begrenzten Rahmen halten und Einzelspender oder Familienangehörige somit leichter dafür gewonnen werden können.

Daneben ist der Verein für das Verlegen der Erinnerungssteine verantwortlich. Dabei dient er Angehörigen als Ansprechpartner, identifiziert die einstige Grabstätte und legt die Position des Gedenksteins fest und besorgt dessen Herstellung. Zudem verschafft er sich einen Überblick über die Biographie des Verstorbenen, wodurch auch verhindert werden soll, dass die Erinnerung an Personen wiederauflebt, die dem nationalsozialistischen Regime eng verbunden waren oder es gar maßgeblich trugen. Landesdenkmalamt wie Förderverein vertraten hier von Beginn an die strikte Linie, dass für ein Gedenken an diese kein Platz auf dem Invalidenfriedhof sein darf.

In seiner Festrede zum zwanzigjährigen Bestehen des Fördervereins konnte Klaus Francke eindrucksvolle Zahlen präsentieren. Denn seit dessen Gründung im Jahr 1992 waren inzwischen 124 Grabstätten restauriert und 83 mittels Erinnerungsstein restituiert worden. Bis 2017 erhöhte sich die Zahl der Erinnerungssteine auf 96.[30] Heute darf sich der Förderverein rühmen, zur Restaurierung von 213 Grabstätten nicht nur einen wesentlichen Beitrag geleistet, sondern viele davon in Gänze finanziert zu haben. Hinzu kommen 99 Gräber, an die mittels eines Kissensteins erinnert wird. Die dafür notwendige Finanzierung leisteten häufig Mitglieder der jeweiligen Familie.

Es bedürfte einer eigenen Publikation, sämtliche restaurierten Grabstätten einzeln zu würdigen. Stellvertretend genannt sei hier nur die Wiederherstellung der Grabmäler für Generaloberst Werner Freiherr von Fritsch (1880–1939),[31] für Major Guido von Gillhaußen (1870–1918),[32] für Leutnant Olivier Freiherr von

Grabmal für Julius von Verdy du Vernois (oben) und Grabmal für Werner Freiherr von Fritsch (unten). Aufnahmen 2023

Gedenkfeier anlässlich des Todestages Manfred Freiherr von Richthofens am 21. April 2016
Originalgrabstein von Manfred Freiherr von Richthofen. Aufnahme 2023

Beaulieu-Marconnay (1898–1918)[33] und für Julius von Verdy du Vernois (1832–1910).[34] Eine Besonderheit stellt die 2017 erfolgte Wiedereinweihung des Originalgrabsteins für den Königlich Preußischen Rittmeister Manfred Freiherr von Richthofen (1892–1918) dar, der 2016 dem Friedhof zurückgegeben wurde, während v. Richthofen selbst seit 1976 in einem Familiengrab in Wiesbaden bestattet liegt.[35] Noch 2009 war ihm zu Ehren eine Gedenktafel verlegt worden.

Über die bis 2016 verlegten Erinnerungssteine informieren die in jüngster Zeit erschienenen gedruckten Führer zum Invalidenfriedhof, von denen unten noch gesondert die Rede sein wird.[36] Beispielhaft genannt seien immerhin der 2011 eingeweihte Erinnerungsstein für den Königlich Preußischen Major Karl Treuwerth (1881–1930), den Inspektor und Chronisten des Invalidenfriedhofs,[37] sowie der 2018 gelegte Stein für Curt von François (1852–1931), den Gründer der namibischen Hauptstadt Windhoek.[38]

Publikationen

»Garnisonfriedhof und Invalidenfriedhof« von Wolfgang Gottschalk, 1991

Als sich der Förderverein ab 1992 des Invalidenfriedhofs annahm, konnte er nur auf wenige Publikationen zurückgreifen. Immerhin schon 1991 hatte Wolfgang Gottschalk eine handliche Broschüre vorgelegt, in der er die Geschichte des weithin unbekannten Invalidenfriedhofs – zusammen mit derjenigen des Berliner Garnisonfriedhofs – und die kunsthistorische Bedeutung seiner herausragenden Grabmäler skizzierte und dabei auch den aktuellen Zustand beschrieb.[39] Ansonsten musste man in dieser Anfangsphase noch auf die in der Vorkriegszeit erschienenen Führer von Karl Treuwerth und Günter Hintze zurückgreifen, die neben einer geschichtlichen Einführung einen kursorischen Rundgang mit der Benennung der bedeutendsten Grabstätten enthalten, von denen freilich längst nicht mehr alle existieren.[40]

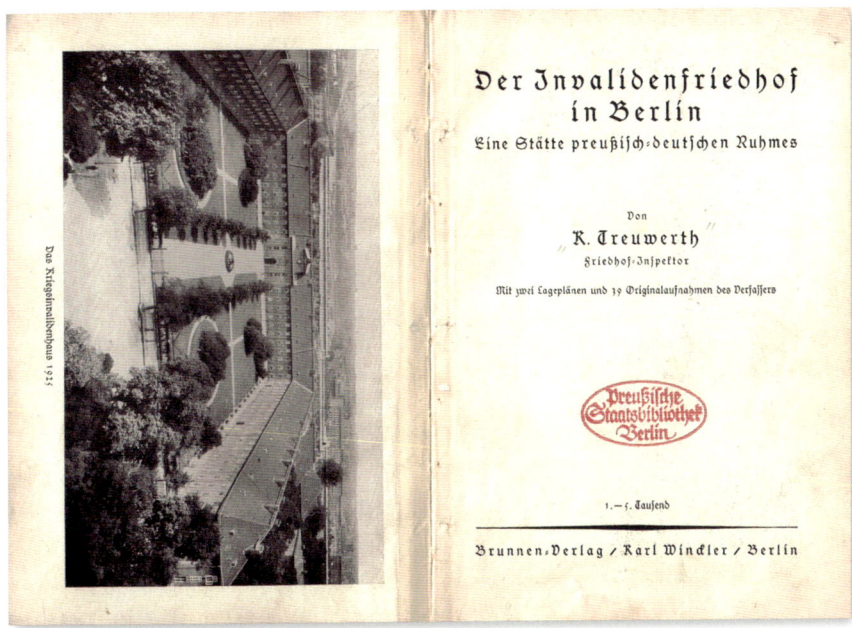

»Der Invalidenfriedhof in Berlin. Eine Stätte preußisch-deutschen Ruhmes«
von Karl Treuwerth, 1925

»Der Invalidenfriedhof in Berlin. Ein Ehrenhain preußisch-deutscher Geschichte«
von Günter Hintze, 1937

»Zwischen Mars und Venus. Wegweiser über den Invalidenfriedhof« von Laurenz Demps, 1998

1996 erschien dann Laurenz Demps' umfassende Studie *Der Invalidenfriedhof. Denkmal preußisch-deutscher Geschichte in Berlin*, die bis heute maßgebliche Monographie über den Friedhof, die reiches Bildmaterial und neue Forschungen, basierend auf bis dahin noch nie ausgewertetem Quellenmaterial, vereint.[41] Diese allgemeine geschichtliche Betrachtung ergänzte der Autor zwei Jahre später durch einen Führer zu den erhaltenen Grabstätten und Erinnerungssteinen (*Zwischen Mars und Minerva*), in dem biographische Angaben zu den Bestatteten im Vordergrund stehen.[42] In diesem Fall wurde die Drucklegung durch einen Zuschuss des Fördervereins ermöglicht. Aus Anlass des 250-jährigen Bestehens des Invalidenfriedhofs richtete der Förderverein im November 1998 ein Fachkolloquium aus, dessen Referate den Friedhof aus unterschiedlichen Blickwinkeln beleuchteten. Die im Manuskript vorliegenden Beiträge hätten eine Publikation verdient gehabt.[43]

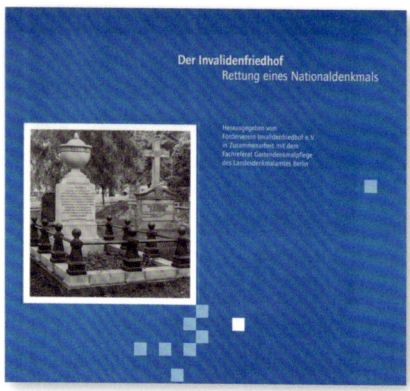

»Der Invalidenfriedhof: Rettung eines Nationaldenkmals«, 2003 herausgegeben vom Förderverein Invalidenfriedhof e. V.

Dafür trat der Förderverein anlässlich seines zehnjährigen Bestehens zusammen mit dem Fachreferat Gartendenkmalpflege des Landesdenkmalamtes Berlin mit einem Buch hervor, das erstmals die seit 1990 durchgeführten denkmalpflegerischen Maßnahmen in den Mittelpunkt stellt und außerdem die wichtigsten Grabmäler vor allem kunsthistorisch beschreibt und würdigt.[44] Schon ein Jahr zuvor hatte der Förderverein im Privatdruck anlässlich seines zehnjährigen Bestehens eine dünne Broschüre herausgegeben, in der Klaus Francke eine erste Bilanz über das bisher Geleistete und Erreichte zog.[45] In einem Geleitwort dankte der ehemalige Bundeskanzler Dr. Helmut Kohl dem Verein, dass es ihm gelungen sei, »den Invalidenfriedhof [...] wieder zu einem würdigen Ort des individuellen und historischen Gedenkens zu machen.«[46]

»Invalidenfriedhof. Ein Friedhofsführer« von Laurenz Demps, Christian Scheer und Hans-Jürgen Mende, 2007

Im Jahr 2003 und nochmals in erweiterter und überarbeiteter Form 2007 legten Laurenz Demps, Christian Scheer und Hans-Jürgen Mende einen Friedhofsführer vor, der in 134 Einzelnummern noch existierende Grabstätten und Erinnerungssteine auflistet und Kurzbiographien der hier bestatteten Personen liefert.[47] Weitere gut fünfzig Gräber und vor allem Erinnerungssteine sind in einer 2016 von Christian Scheer und Hans Joachim Jung zusammengestellten Broschüre erfasst, die allerdings nur in einem Privatdruck des Fördervereins vorliegt.[48] Schon 2010 schließlich erschien Laurenz Demps' umfassende und anschaulich bebilderte Monographie über das Invalidenhaus, seinen Friedhof und insbesondere sein Gelände, die heute den Rang eines Standardwerks genießt.[49] Hieran war der Förderverein als Herausgeber beteiligt, unterstützt vom Landesarchiv Berlin und dem Landesdenkmalamt Berlin. Die Buchvorstellung wurde am 21. Juni 2010 im Bundeswirtschaftsministerium durch den damaligen Minister Rainer Brüderle vorgenommen.

Ehrungen und Veranstaltungen

Der Förderverein Invalidenfriedhof e.V. fördert nicht nur Restaurierungen, Erinnerungssteine und Publikationsvorhaben. Eine weitere Säule seines Wirkens sind Totenehrungen, die er in würdevoller Form auf dem Friedhof abhält, und feierliche Veranstaltungen. Zentrales Ereignis ist hier die alljährliche Mitgliederversammlung, die immer um Gerhard David von Scharnhorsts Todestag herum, den 28. Juni, stattfindet. Bis 2019 wurden dem Verein dafür Räumlichkeiten im nahegelegenen Bundeswirtschaftsministerium zur Verfügung gestellt, doch seit 2021 nutzt er einen Hörsaal der Firma KARL STORZ SE & Co. KG im ehemaligen Augusta-Hospital, das dem Friedhof direkt gegenüberliegt und ihm aufgrund seiner Geschichte auf das engste verbunden ist (siehe S. 167–169).

Neben den allfälligen Formalien, denen aus vereinsrechtlicher Sicht Genüge zu leisten ist, wird die Mitgliederversammlung durch einen Festvortrag geprägt, der sich jedes Jahr mit einem anderen Aspekt des Friedhofs und seiner Geschichte auseinandersetzt. Außer den maßgeblich beteiligten Akteuren des Vereins wie Prof. Dr. Laurenz Demps, Dr. Klaus-Henning von Krosigk und Prof. Dr. Christian Scheer sowie weiteren namhaften Historikern und Kunsthistorikern referierten hier auch der damalige Bundesminister der Verteidigung, Dr. Thomas de Maizière (2013), der langjährige Direktor des Geheimen Staatsarchivs Preußischer Kulturbesitz, Prof. Dr. Jürgen Kloosterhuis (2006, 2012), der Berliner Landeskonservator Dr. Christoph Rauhut (2019) sowie ehemalige Angehörige der Bundeswehr wie General a.D. Klaus Naumann (2003) und Generalleutnant a.D. Werner von Scheven (2007).

Ein weiterer wesentlicher Teil der Mitgliederversammlung findet direkt auf dem Friedhof statt. Dazu gehört zum einen die Niederlegung eines Kranzes am Grabmal Gerhard David von Scharnhorsts durch den Vorsitzenden des Fördervereins, und zwar unter Beteiligung von Kranzträgern und Ehrenposten des Wachbataillons beim Bundesministerium der Verteidigung sowie Musikern etwa des ehemaligen Luftwaffenmusikkorps 4 aus Berlin-Gatow oder des Stabsmusikkorps der Bundeswehr. Für Organisation und Ablauf derartiger Zeremonien zeichnet der Geschäftsführer des Fördervereins, Oberstleutnant a.D. Hans Joachim Jung, verantwortlich, der in vielfacher Weise den Kontakt zur Bundeswehr hält. So sei hier auch der Einsatz der Reservistenkameradschaft der Bundeswehr Berlin-Wilmersdorf erwähnt, die seit vielen Jahren immer im Vorfeld der Jahreshauptversammlung etwa vierzig bis fünfzig Grabstellen und Erinnerungssteine säubert und damit – in Ergänzung

Feierliche Kranzniederlegung am Grabmal Gerhard David von Scharnhorsts durch Klaus Francke, den Vorsitzenden des Fördervereins, am 30. Juni 2001 (oben) und am 30. Juni 2012 (unten)

Führung von Klaus-Henning von Krosigk über den Invalidenfriedhof für Richard und Marianne von Weizsäcker. Aufnahme 2012

der vorbildlichen Unterhaltung durch das Grünflächenamt Mitte – sehr zu dem gepflegten und aufgeräumten Erscheinungsbild des Invalidenfriedhofs beiträgt.

An die Kranzniederlegung schließt jedes Jahr – auch dies hat inzwischen eine lange Tradition – ein Rundgang mit Dr. Klaus-Henning von Krosigk an, der als langjähriger Chef der Berliner Gartendenkmalpflege fachlich die einzelnen Wiederherstellungsmaßnahmen, sei es auf dem Gelände, sei es einzelner Grabmale betreute. Mit der Führung, an der oftmals weit über einhundert Personen teilnehmen, werden den Mitgliedern die Arbeiten des vergangenen Jahres erläutert und vorgeführt, wobei sie bisweilen noch durch die feierliche Einweihung eines neu gelegten Erinnerungssteins oder einer ganz frisch restaurierten Grabstätte repräsentativ ergänzt wird.

Darüber hinaus war die Mitgliederversammlung in den Jahren 2006, 2007 und 2011 als zweitägige Veranstaltung angelegt und jeweils um ein Benefizkonzert zugunsten des Invalidenfriedhofs bereichert. Es spielte das Luftwaffenmusikkorps 4 aus Berlin-Gatow unter der Leitung von Oberstleutnant Dr. Christian Blüggel, sei es im Innenhof oder in der Aula des Bundeswirtschaftsministeriums. Und auch 2012 erstreckte sich die Jahreshauptveranstaltung über zwei Tage, indem ihr am 29. Juni ein Festakt anlässlich des zwanzigjährigen Bestehens des Fördervereins vorangestellt war. Damals stellte der Verein auch seine neue Ehrenmedaille vor, bestehend aus polierter Bronze, die der Künstler Erhard Schreier aus Berlin-Karlshorst entworfen hatte und die auf der Vorderseite eine Teilansicht der Grabstätte von Gerhard David von Scharnhorst zeigt. Sie wird an Persönlichkeiten verliehen, die sich um den Invalidenfriedhof oder seinen Förderverein verdient machten.

Auch innerhalb des Jahres finden Gedenkveranstaltungen statt, wenn ein Jubiläum dies gebietet: So etwa anlässlich des 290. Geburtstags von Friedrich Wilhelm von Rohdich am 5. Mai 2009, als der von Rohdich'sche Legatenfonds zu einer Kranzniederlegung an dessen Grabstätte (siehe S. 93–97) einlud, an der auch der damalige Bundesverteidigungsminister Dr. Franz Josef Jung teilnahm; oder am 16. März 2014, als des 200. Todestags von Karl Friedrich Friesen gedacht wurde (siehe S. 131–135).

Ein besonderes Anliegen des Fördervereins ist das Gedenken an die Opfer von Krieg und Gewaltherrschaft und hier speziell an die Verfolgten des Nazi-Regimes.[50] Dem tragen auch zwei der vier Gedenktafeln Rechnung, die der Förderverein an der alten Friedhofsmauer in der Nähe des Glockenturms anbringen ließ.[51] Die eine ist »DEN OPFERN DER LUFTANGRIFFE / AUF BERLIN 1940–1945 / DEN HIER ZU KRIEGSENDE 1945 / IN MASSENGRÄBERN BEIGESETZTEN / ZIVILPERSONEN UND SOLDATEN« gewidmet, während die andere »ZUM GEDENKEN AN DIE HIER BEIGESETZTEN / WIDERSTANDSKÄMPFER DES 20. JULI 1944« angefertigt wurde.

Freilich ist der Text der letztgenannten Tafel, die noch aus den Anfängen des Fördervereins stammt, insofern irreführend, als die im Zusammenhang mit dem am 20. Juli 1944 erfolgten Attentat auf Adolf Hitler hingerichteten Offiziere nicht auf dem Invalidenfriedhof bestattet wurden. Denn ihnen hat das Regime eine Grabstätte bewusst versagt. Gerade deshalb war dem Förderverein stets daran gelegen, die Erinnerung an sie aufrecht zu erhalten und zu befördern. Stellvertretend für alle ließ er, zusammen mit der Erwin-von-Witzleben-Gesellschaft e. V. und der Offizierschule des Heeres der Bundeswehr, einen Erinnerungsstein für Generalfeldmarschall Erwin von Witzleben (1881–1944), den Ranghöchsten unter den Offizieren, legen, der am 8. August 2019 in einem feierlichen Akt eingeweiht wurde.

Der einzige Widerstandskämpfer aus dem Umkreis des 20. Juli 1944, der tatsächlich auf dem Invalidenfriedhof begraben liegt, ist Oberst Wilhelm Staehle

Feierliche Einweihung des Erinnerungssteins für Wolfgang Fürstner durch NOK-Präsident Walther Tröger. Aufnahme 2002

Grabmal für Wilhelm und Hildegard Staehle. Aufnahme 2012

Rede von Klaus Francke, dem Vorsitzenden des Fördervereins, anlässlich der feierlichen Einweihung des Erinnerungssteins für Erwin von Witzleben am 8. August 2019

Erinnerungsstein für Erwin von Witzleben. Aufnahme 2023

(1877–1945), der zwar nur zu zwei Jahren Zuchthaus verurteilt worden war und dennoch in den letzten Kriegstagen von einem SS-Kommando ermordet wurde.[52] Seine neugestaltete Grabstätte wurde 2012 eingeweiht, und zu den Jubiläen 2015 und 2019 wurde hier seiner feierlich gedacht. Auch der 2002 im Gedenken an Wolfgang Fürstner (1896–1936) verlegte Erinnerungsstein, an der Stelle seines direkt an der alten Friedhofsmauer gelegenen Grabs, verdient in diesem Kontext Erwähnung.[53] Fürstner, der als Kommandant für die Errichtung des Olympischen Dorfes verantwortlich war, schied freiwillig aus dem Leben, da ihn Dienststellen der NSDAP aufgrund des fehlenden Nachweises einer »arischen Abstammung« unter Druck gesetzt hatten.

Während der Förderverein Invalidenfriedhof e. V. somit vor allem das Gedenken an zahlreiche Persönlichkeiten aufrecht erhält, die auf dem Friedhof in der Form des einen oder anderen Grabmals oder Erinnerungssteins gegenwärtig sind, stand er am 3. Dezember 2020 selbst einmal im Zentrum der Aufmerksamkeit. An diesem Tag überreichte ihm Landeskonservator Dr. Christoph Rauhut die Ferdinand-von-Quast-Medaille, wobei aufgrund der Pandemie nur der Vorsitzende des Vereins, Dr. Klaus-Henning von Krosigk, und sein Geschäftsführer Hans Joachim Jung der schlichten Zeremonie im Alten Stadthaus beiwohnen durften. In der vom damaligen Berliner Senator für Kultur und Europa, Dr. Klaus Lederer, unterzeichneten Urkunde wird anerkennend hervorgehoben, dass sich der Friedhof heute wieder »als aussagekräftiges Kultur- und Gartendenkmal« präsentiert, und der Förderverein ausdrücklich als »der wichtigste Partner der Berliner Gartendenkmalpflege bei der Erhaltung des Kulturdenkmals« gewürdigt.

Die Kaiserin-Auguste-Viktoria-Glocke

Der Förderverein Invalidenfriedhof e. V. fühlt sich ein Stück weit der Geschichte des gesamten Geländes verpflichtet, das 1748 dem Invalidenhaus übereignet worden war, und hier insbesondere auch der 1967 abgebrochenen Gnadenkirche, zumal deren Gemeinde ihre Toten, so lange dies möglich war, auf dem Invalidenfriedhof bestattete. Der Abriss der bedeutenden neoromanischen Kirche ist ein großer Verlust für den einstigen Invalidenpark, dessen moderne Gestaltung nicht zu überzeugen vermag.

Turm der Kaiserin-Auguste-Viktoria-Glocke. Aufnahme 2023

Turm der Kaiserin-Auguste-Viktoria-Glocke mit Hans Joachim Jung, dem Geschäftsführer des Fördervereins. Aufnahme 2014

Es ist ein Glücksfall, dass die mittlere der drei Glocken, die das Geläut der Gnadenkirche ausmachten, Krieg und Abriss heil überstand und auch späterhin nicht eingeschmolzen wurde. Die von der Firma *Bochumer Verein für Bergbau und Gußstahlfabrikation* angefertigte Stahlglocke war eine Spende von Kaiserin Auguste Viktoria, deren Namen und Wappen sie trägt, und erinnert an die Trauung von Kaiserin Augusta mit dem späteren König und Kaiser Wilhelm I. am 11. Juni 1829.[54] Nach ihrer Fertigstellung war sie 1893 noch auf der Weltausstellung in Chicago ausgestellt, ehe sie 1894 aufgehängt und 1895 geweiht wurde.
Nachdem diese eine Glocke den Abbruch der Kirche 1967 unbeschadet überstanden hatte, landete sie auf einem Schrottplatz in Berlin-Weißensee, wo sie bald darauf von Friedrich-Wilhelm Merkel, dem damaligen Pfarrer der Gemeinde Berlin-Malchow, privat erworben und in einer eigens angefertigten Konstruktion in seinem Pfarrgarten aufgestellt wurde. Als er 1980 ins thüringische Stadtilm versetzt wurde, nahm er die Glocke kurzerhand mit, so dass sie fortan ein Jahrzehnt im dortigen Kirchgarten stand. Nach Merkels Pensionierung im Jahr 1990 erwarb sie die Kirchengemeinde in Wattenscheid-Leithe, wo sie gleichfalls einen Platz neben der Kirche fand, nunmehr allerdings unter einem Schutzdach. Als der Förderverein Invalidenfriedhof 2010 von deren Existenz erfuhr, kam der Wunsch auf, die Glocke nach Berlin zurückzuholen,

womit nicht nur die Kirchengemeinde in Leithe einverstanden war, sondern auch die damalige Berliner Evangelische Kirchengemeinde Sophien, die als Rechtsnachfolgerin der einstigen Gnadenkirchengemeinde beschloss, die Glocke dem Förderverein Invalidenfriedhof e. V. formell zu übereignen. Dieser wiederum beschloss, der Glocke einen würdigen Platz auf dem Friedhof zu geben, und zwar am Ende der vom Eingang in der Scharnhorststraße ihren Anfang nehmenden großen Lindenallee und damit zugleich fast an der alten Friedhofsmauer, zwischen den Grabfeldern E und F im einstigen Todesstreifen. Gelder der Stiftung Deutsche Klassenlotterie Berlin ermöglichten die Errichtung eines Glockenturms, den der Hamburger Architekt Gerhard Hirschfeld entworfen hatte. Die schlichte Stahlkonstruktion, deren obere Gefache durch Schutzbleche geschlossen sind, bildet nicht nur einen markanten Point de vue, sondern bietet der Glocke Schutz und erlaubt es vor allem, sie mittels eines Seils zum Schwingen zu bringen. Am 28. Juni 2013 wurde der Turm durch Pfarrer Matthias Lohenner von der Evangelischen Kirchengemeinde Sophien eingeweiht. Kleinere Arbeiten folgten noch 2014, außerdem wurde in diesem Jahr eine Informationstafel enthüllt.

Heute ist der Glockenturm fester Bestandteil von Ritualen, die der Förderverein jährlich durchführt oder begleitet. So wird die Glocke nicht nur am Volkstrauertag geläutet, sondern auch am Totensonntag anlässlich einer Gedenkveranstaltung zu Ehren der auf dem Invalidenfriedhof beigesetzten Toten. Außerdem wird jährlich, verbunden mit einer geistlichen Andacht, am 22. März der im Jahr 1895 erfolgten Kirchweihe der Gnadenkirche und am 6. August ihrer Sprengung im Jahr 1967 gedacht.[55]

Förderer und Sponsoren

Bewusst an das Ende dieses Kapitels ist die Liste all der Geldgeber gesetzt, seien es staatliche Stellen, gemeinnützige Stiftungen oder Privatpersonen, die gemeinsam dazu beitrugen, den Invalidenfriedhof wieder in einen Zustand zu versetzen, den 1990 nur wenige für möglich gehalten hätten und der heute insbesondere die Mitglieder des Fördervereins zu Recht mit Stolz erfüllt. Es liegt in der Natur der Sache, dass die Liste unvollständig bleiben muss und die namentliche Nennung erst ab einer gewissen Spendensumme möglich war. Der Dank des Fördervereins Invalidenfriedhof e. V. geht aber ausdrücklich an alle, die seine Arbeit in den vergangenen Jahrzehnten materiell und ideell unterstützten.

Institutionen, Verbände und Stiftungen

- von Arnim'scher Familienverband e.V.
- Beauftragter der Bundesregierung für Kultur und Medien
- Bundesverwaltungsamt Köln
- v.-Hinckeldey-Stiftung
- Dr. Hermann und Ellen Klaproth-Stiftung
- Landesdenkmalamt Berlin
- Richthofen'scher Familienverband
- von Rohdich'scher Legatenfonds
- Scharnhorst-Komitee Bordenau e.V.
- Stiftung Deutsche Klassenlotterie Berlin
- Stiftung Deutscher Offizier Bund
- Stiftung Preußisches Kulturerbe
- Fa. KARL STORZ SE & Co. KG
- von Winterfeld(t)scher Familienverband e.V.

Vereinsmitglieder und Privatpersonen

- Dr. Harald Bajorat
- MR a. D. Hans Dietrich Berendt
- Alexander von Bismarck
- Ernst Sylvius von Heydebrand
- MDir a. D. Hans-Heinrich von Knobloch
- Hans-Joachim Koppe
- Geschäftsführer Bodo Krevet
- Dipl.-Kfm. Axel Mölders
- Anders Eric Artur Olson
- Oberstlt a. D. Henning Rödiger
- Annemarie Sedlmayr
- Ingrid von Staudy
- Kapitänleutnant d. R. Thomas Vargas von Renzell
- Margaret-Rose Wehrle

Blick über das Grabfeld D nach Südosten. Aufnahme 2023

1   Das Protokoll ist als Faksimile abgedruckt in der Festschrift zum 10-jährigen Bestehen des Fördervereins von 2002. Invalidenfriedhof 2002, S. 9.
2   Invalidenfriedhof 1993.
3   Ebd., S. 32.
4   Krosigk 2003a, S. 20.
5   Ebd., S. 18.
6   Gartendenkmale in Berlin 2008, S. 158.
7   Krosigk 2003a, S. 20.
8   Ebd.
9   Ebd.
10 Ebd., S. 22.
11 Das Zehn-Punkte-Programm ist außerdem abgedruckt in: Invalidenfriedhof 1993, S. 29; Krosigk 2003a, S. 22.
12 Krosigk 2003a, S. 20.
13 Klausmeier/Schmidt 2007, S. 132–139.
14 Invalidenfriedhof 2003, S. 73 f.; Krosigk 2003a, S. 20; Krosigk 2018, S. 244. – Zum Grab von Gustav Friedrich von Kessel: Treuwerth 1925, S. 19 f., Abb.; Hintze 1937, S. 21, Nr. 14; Demps 1998, S. 153 f., Nr. 218; Demps/Scheer/Mende 2007, S. 22, Nr. 29.
15 Invalidenfriedhof 2003, S. 84.
16 Krosigk 2003a, S. 23.

17 Krosigk 2018, S. 250. – Zu Ernst Troeltsch: Treuwerth 1925, S. 55 f., Abb.; Hintze 1937, S. 72, Nr. 130; Demps 1998, S. 104, Nr. 239; Demps/Scheer/Mende 2007, S. 66 f., Nr. 90.
18 Krosigk 2003a, S. 22; Krosigk 2018, S. 245.
19 Ebd.
20 Gartendenkmale 2008, Umschlag.
21 Krosigk 2003a, S. 22.
22 Ebd., S. 23.
23 Krosigk 2003a, S. 23; Krosigk 2018, S. 247.
24 Ferner gehörten dazu die Grabstätten v. Staudy (vgl. Anm. 25) und v. Reyher (Demps 1998, S. 127 f., Nr. 117; Invalidenfriedhof 2003, S. 76; Demps/Scheer/Mende 2007, S. 27 f., Nr. 35), das Grabmal für Hans von Seeckt (Demps 1998, S. 133 f., Nr. 119; Invalidenfriedhof 2003, S. 76 f., Abb.; Demps/Scheer/Mende 2007, S. 19 f., Nr. 24) sowie das Mausoleum v. Voigts-Rhetz (Demps 1998, S. 88, Nr. 19; Invalidenfriedhof 2003, S. 28 f., Abb.; Demps/Scheer/Mende 2007, S. 89, Nr. 134).
25 Demps 1998, S. 134 f., Nr. 110, 110a; Invalidenfriedhof 2003, S. 78 f., Abb.; Demps/Scheer/Mende 2007, S. 16 f., Nr. 19.
26 Krosigk 2003a, S. 23.
27 Ebd., S. 84. – Die Sanierung erfolgte durch das Architekturbüro Müller & Altmeyer.
28 Krosigk 2003a, S. 23; Invalidenfriedhof 2003, S. 84; Krosigk 2018, S. 247, 249. – Die Wiederherstellung des Platzes erfolgte durch das Büro PA-LA GmbH; das rekonstruierte Gitter lieferte die Firma Ernst Freyer & Sohn Metalltechnik GmbH.
29 Invalidenfriedhof 2003, S. 84.
30 Krosigk 2018, S. 250.
31 Im Jahr 2006. – Demps 1998, S. 113 f., Nr. 101; Demps/Scheer/Mende 2007, S. 27, Nr. 34.
32 Im Jahr 2008. – Treuwerth 1925, S. 59 f., Abb.; Hintze 1937, S. 69, Nr. 124; Demps 1998, S. 94 f., Nr. 80; Demps/Scheer/Mende 2007, S. 70 f., Nr. 97.
33 Im Jahr 2009. – Treuwerth 1925, S. 68; Hintze 1937, S. 69, Nr. 124; Demps 1998, S. 91, Nr. 79; Demps/Scheer/Mende 2007, S. 71, Nr. 98.
34 Im Jahr 2017. – Treuwerth 1925, S. 48; Hintze 1937, S. 49, Nr. 72; Demps 1998, S. 87 f., Nr. 18.
35 Hintze 1937, S. 53 f., Nr. 83; Scheer/Jung 2016, S. 29 f.
36 Demps/Scheer/Mende 2007; Scheer/Jung 2016.
37 Scheer/Jung 2016, S. 33.
38 Hintze 1937, S. 33, Nr. 40.
39 Gottschalk 1991.
40 Treuwerth 1925; Hintze 1937.
41 Demps 1996.
42 Demps 1998.
43 Beiträge 1998.
44 Invalidenfriedhof 2003.
45 Invalidenfriedhof 2002.
46 Ebd., S. 3.
47 Demps/Scheer/Mende 2007.
48 Scheer/Jung 2016.
49 Demps 2010.
50 So etwa Klaus Francke in seinem Vorwort für das Buch *Der Invalidenfriedhof. Rettung eines Nationaldenkmals*. Invalidenfriedhof 2003, S. 3. – Siehe ferner: Voss 2002.
51 Demps/Scheer/Mende 2007, S. 51, Nr. 61–63. – Die beiden anderen Tafeln erinnern an die verstorbenen Invaliden und ihre Familien sowie die Toten des Kriegs von 1866.
52 Zu Wilhelm Staehle und seiner Gattin Hildegard Staehle (1894–1945): Demps 1998, S. 84, Nr. 48; Demps/Scheer/Mende 2007, S. 77 f., Nr. 112.
53 Zu Wolfgang Fürstner: Hintze 1937, S. 49, Nr. 73; Demps 1998, S. 169 f.; Demps/Scheer/Mende 2007, S. 51 f., Nr. 64.
54 Die beiden anderen Glocken trugen Namen und Wappen Kaiser Wilhelms II. bzw. des Kronprinzen. Man muss annehmen, dass auch sie, wie die gesamte Kirche, an Kaiserin Augusta erinnerten. In diesem Sinne wird die erhaltene Glocke heute auch bisweilen als Kaiserin-Augusta-Glocke bezeichnet. – Zur Geschichte der Glocke: Krosigk/Merkel 2018.
55 Krosigk/Merkel 2018, S.17.

Blick über das Grabfeld B nach Südosten mit dem Grabmal für Harry von Coler. Aufnahme 2023

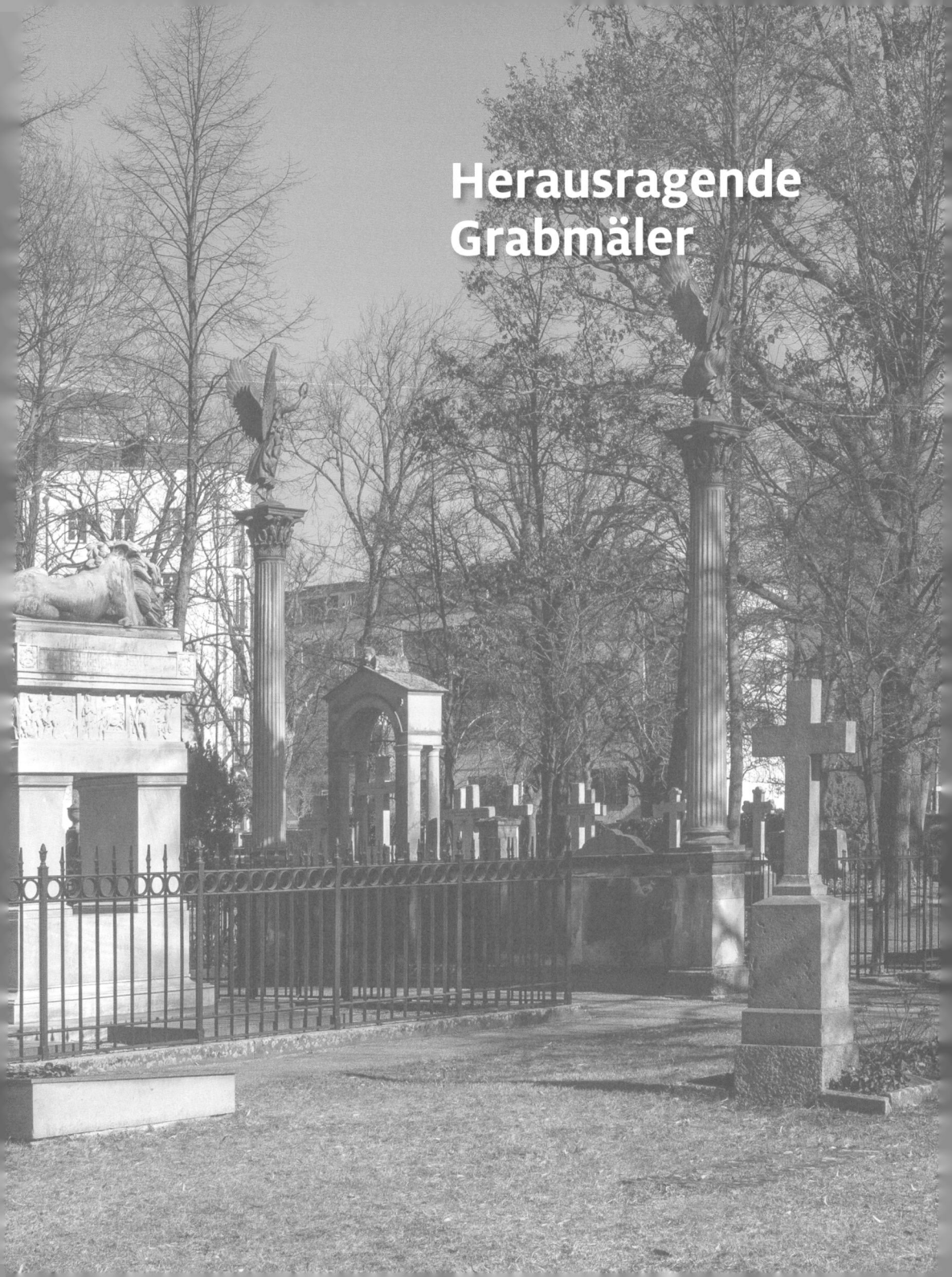

Herausragende Grabmäler

BAROCKE SARKOPHAG-GRABMÄLER

Es kam einer Sensation gleich, als im Sommer 1998 während Grabungsarbeiten, die die Berliner Gartendenkmalpflege veranlasst hatte, im Grabfeld A, dem ältesten Teil des Friedhofs, tief in der Erde gleich sechs barocke Sarkophag-Grabmäler auftauchten, die – so legen es die Sterbedaten der Verstorbenen nahe – zwischen 1774/75 und 1793/99 angefertigt worden waren. Ihr Verschwinden war ausnahmsweise einmal nicht auf die Zerstörungen und die allgemeine Vernachlässigung des Friedhofs in den Jahrzehnten der deutschen Teilung zurückzuführen, vielmehr hatte auch die ältere Literatur keine Kenntnis von ihnen, so dass sie gar nicht vermisst worden waren. Schon in einem 1883 angelegten Verzeichnis der Grabdenkmäler sind sie nicht mehr erwähnt. Man vermutet, dass sie bereits in der ersten Hälfte des 19. Jhs., verursacht durch den nahegelegenen Berlin-Spandauer-Schiffahrtskanal, überflutet worden waren. Hinterher dürfte man sie in der Erde belassen haben, da die Gräber abgelaufen waren und man sie ohnehin als altmodisch empfand, während man die benachbarten Grabdenkmäler für die Invalidenhauskommandanten v. Diezelsky (siehe S. 83–85), v. Reineck (siehe S. 87–91) und v. Arnim, aber auch dasjenige für Friedrich Wilhelm von Rohdich (siehe S. 93–97) womöglich anhob, auf dass sie künftig besser geschützt wären.[1]

Die Entdeckung der Sarkophag-Grabmäler veränderte unseren Blick auf die Frühzeit des Friedhofs, denn man darf annehmen, dass dieser Typus dessen

Grabmäler für Gustav Friedrich von Schütz und seine Tochter Friederica (vordere Reihe von links) sowie für Johann Gottlieb Graf von Kottulinsky und seine Tochter Johanna Christina Elisabeth (hintere Reihe von links). Aufnahme 2023

Erscheinungsbild in der zweiten Hälfte des 18. Jhs. ganz erheblich bestimmte. Außerdem handelt es sich bei ihnen um die ältesten bekannten Grabdenkmale auf einem Berliner Friedhof überhaupt, die sich noch am Ort ihrer ersten Errichtung befinden. Kunstgeschichtlich werden sie als »Bindeglied zwischen Epitaph und freistehendem Grabmal« (Jörg Kuhn) interpretiert.[2]

Die in Sandstein gearbeiteten Sarkophag-Gabmäler bestehen aus einem quaderförmigen Kasten mit eingezogenen und gerundeten Ecken, auf dem eine schwere Deckplatte aufliegt, die die vorgegebene Form nachzeichnet. Unter den Grabmälern befinden sich gemauerte Grüfte, in denen die Toten bestattet sind. Die Deckplatte ist in Schichten aufgebaut, was ihr bei aller Schwere des Materials doch eine gewisse Eleganz verschafft. Von der obersten Schicht heben sich kunstvoll gearbeitete Reliefs ab, die individuell auf das Leben des Verstorbenen Bezug nehmen. Beim Grabmal für Friederica von Schütz, das hier pars pro toto herausgegriffen sei, sind dies am Fuß das Wappen ihrer Familie und am Kopf ein mit einer Schleife gebundener Kranz aus Rosenblüten, die darüber hinaus beidseits in Festons auslaufen. Den weitaus größten Teil der Deckplatte nimmt die mit feinen Buchstaben eingemeißelte Grabinschrift ein: »Hier / Ruhet in Gott / Die Fräulein / Friederica von Schütz / gestorben / den / 3ten April / 1781.«

Insgesamt tauchten nahe beieinander sechs Grabmäler auf, die alle dem beschriebenen Typus folgen – und zwar unabhängig von Rang oder Titel der bestatteten Person. So hebt sich unter den drei Sarkophagen in der mittleren Reihe derjenige von Gustav Friedrich von Schütz (1716–1781), immerhin Königlich Preußischer Hauptmann beim Invalidenhaus, nicht von denen seiner beiden Töchter Friederica (gest. 1781) und Maria Magdalena (gest. 1784) ab. Desgleichen gilt für die Grabmale für den Obrist-Wachtmeister Johann Gottlieb Graf von Kottulinsky (1719–1793/1799) und seine früh verstorbene Tochter Johanna Christina Elisabeth von Kottulinsky (1767–1774). Sogar das Grabmal des Invalidenhauskommandanten Georg Christoph von Daembke (1719–1775) ist gegenüber den vorgenannten in keiner Weise hervorgehoben. Es liegt zu Füßen des Grabdenkmals seines unmittelbaren Nachfolgers Michael Ludwig von Diezelsky (1708–1779), das sich allerdings, obwohl nur unwesentlich jünger, in seiner monumentalen und vor allem hochaufragenden Erscheinung überdeutlich von den flachliegenden Sarkophag-Grabmälern absetzt.

Grabmal für Friederica von Schütz. Aufnahme 2023

Nach ihrer Entdeckung musste eine Lösung für die künftige Präsentation der Sarkophag-Grabmäler gefunden werden, wollte man sie doch nicht wieder mit Erde zuschütten. Die Denkmalpflege entschied sich daher, die Steinkästen samt Deckplatten auf das heutige Bodenniveau anzuheben. Zwar hat das Grabfeld A an dieser Stelle so vor 1945 nicht mehr ausgesehen, doch gelang dafür mit der Sichtbarmachung der Grabmäler eine Annäherung an die spätbarocke Phase des Invalidenfriedhofs. Diese Maßnahme, vor allem jedoch die Reinigung und Restaurierung der einzelnen Deckplatten konnten mit Mitteln der Stiftung Deutsche Klassenlotterie Berlin finanziert werden. Die Ausführung der Arbeiten besorgten der Bildhauer Hans Starcke und die Firma Bluhm & Schötschel. Zwei Sarkophagplatten waren zerbrochen, und von einer davon wurde nach ihrer Wiederherstellung ein Abguss angefertigt, der jetzt im Freiraum das nach wie vor empfindliche Original ersetzt.

Literatur

Demps 1998, S. 84; Kuhn 1999; Invalidenfriedhof 2003, S. 34, Abb. S. 35; Demps/Scheer/Mende 2007, S. 85, Nr. 123; Gartendenkmale 2008, S. 160 (Jörg Kuhn).

1 Kuhn 1999, S. 13 f.
2 Ebd., S. 15.

Grabmal für Johann Gottlieb Graf von Kottulinsky, Trophäenarrangement. Aufnahme 2023

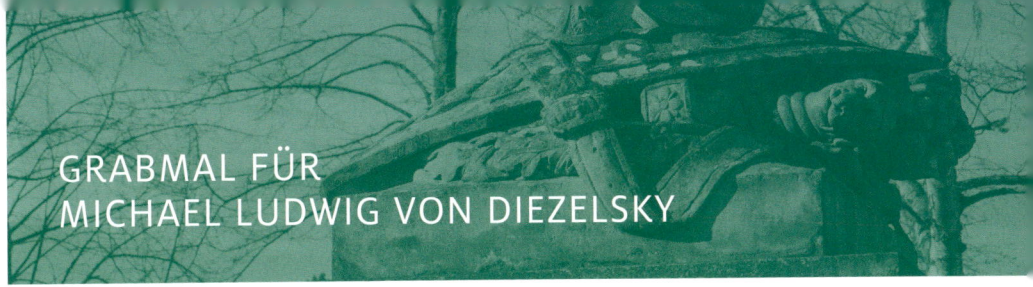

GRABMAL FÜR MICHAEL LUDWIG VON DIEZELSKY

16. September 1708 – 10. Mai 1779 Berlin

Königlich Preußischer Oberst, Chef des Invalidenkorps und Kommandant des Invalidenhauses

Das Grabmal für Michael Ludwig von Diezelsky ist nicht nur eines der ältesten erhaltenen Grabdenkmale auf dem Invalidenfriedhof, sondern auch eines der schönsten und künstlerisch wertvollsten. Schon zur Zeit seiner Entstehung galt es als herausragend, wie aus einem 1788 von Anton Balthasar König verfassten Lexikoneintrag über v. Diezelsky zu schließen ist: »Er war unverehlicht, und liegt auf dem Kirchhofe neben dem Invalidenhause bei Berlin begraben, wo ihm ein schönes Monument, nach des berühmten B. Rohde Angabe, errichtet worden, welches gesehen zu werden verdienet.«[1]

Michael Ludwig von Diezelsky entstammte einem pommerschen Adelsgeschlecht und trat bereits 1724, also im Alter von 15 oder 16 Jahren, dem Infanterie-Regiment Forcade bei. Bis zu seinem Tode am 10. Mai 1779 diente er 55 Jahre lang in der preußischen Armee, in der er zuletzt, und dies seit 1767, den Rang eines Oberst einnahm. Unter Friedrich dem Großen nahm er an beiden Schlesischen Kriegen und am Siebenjährigen Krieg teil. In der legendären Schlacht von Prag 1757 wurde er schwer verwundet, doch sollte ihm der renommierte Orden *Pour le Mérite* erst 1774 verliehen werden. Ganz zu Ende des Jahres 1775 erhielt er die Kommandantur des Invalidenhauses übertragen. Er war erst der dritte Kommandant seit Gründung der Anstalt und der zweite, der auf dem Invalidenfriedhof bestattet wurde. Zur damaligen Zeit war allein das heute sogenannte Grabfeld A in Gebrauch, das unterhalb des Windmühlenbergs lag und sich zugleich weit weg vom

Grabmal für Michael Ludwig von Diezelsky. Aufnahme 2023

Grabmal für Michael Ludwig von Diezelsky. Aufnahme um 1920

Gelände des Invalidenhauses befand – dem sich der Friedhof allerdings schon wenige Jahrzehnte später durch die Erschließung neuer Felder nähern sollte.

Das wohl vom Invalidenhaus finanzierte Grabmonument, ein quaderförmiger Block in der Anmutung eines antiken Opferaltars, wurde in Cottaer Sandstein ausgeführt und erreicht die beträchtliche Höhe von 3,45 Meter. Nach übereinstimmenden Berichten stammt der Entwurf dazu von dem renommierten Berliner Maler Christian Bernhard Rode, der seit 1783 auch Direktor der Akademie der Künste war. Wer hingegen die Ausführung in Stein besorgte, wofür ein Steinmetz und ein Bildhauer zusammengewirkt haben dürften, ist nicht bekannt. Der auf einem Fundament lagernde und sich über einem niedrigen scharrierten Sockel erhebende Block setzt sich aus vier Sandsteinfeldern zusammen, von deren Oberfläche sich je eine antikisch anmutende Tafel abhebt. In drei Fällen weisen diese Tafeln eine Inschrift auf, während diejenige auf der Vorderseite prominent von einem Porträtrelief geziert wird, um das sich ein Lorbeerfeston schlingt. Das Relief zeigt den Verstorbenen in der Art eines römischen Cäsaren. Oben auf dem Block sind die Insignien des Heerführers und Soldaten abgelegt: Man sieht einen Eichenkranz, ein Schwert und einen Köcher mit Pfeilen, allesamt abgedeckt von einem Schild, auf dem ein Prunkhelm mit Federbusch wirkungsvoll aufgebaut ist.

Die bildkünstlerische Aussage des Grabmals wird durch die angebrachten Inschriften ergänzt und präzisiert. Während diejenige auf der linken Seite konventionell Namen, Rang und Lebensdaten des Verstorbenen nennt, handelt es sich bei den übrigen beiden um leicht abgewandelte und verkürzte Zitate aus der Bibel. Rechts ist zu lesen: »ICH HABE GEKÆMPFET / EINEN GUTEN KAMPF / HINFORT IST MIR BEYGELEGT / DIE KRONE / DER GERECHTIGKEIT / DIE GOTT BEREITET HAT / DENEN DIE IHN

LIEBEN« (2 Timotheus 4,7–8), und auf der Rückseite steht: »ES WIRD GESÆET / VERWESLICH / UND WIRD AUFERSTEHEN / UNVERWESLICH / ES WIRD GESÆET / EIN NATÜRLICHER LEIB / UND WIRD AUFERSTEHEN / EIN GEISTLICHER.« (1 Korinther 15,42–44).

Die letztgenannte Inschriftentafel ist heute ebenso wie die Sandsteintafel der Vorderfront, auf der sich das Porträtmedaillon befindet, im Original erhalten, während die beiden seitlichen Tafeln im Zuge der 1998 mit Mitteln der Stiftung Deutsche Klassenlotterie Berlin durchgeführten Restaurierung durch Kopien ersetzt wurden. Das gesamte Grabmal befand sich 1989 in einem stark angegriffenen Zustand. Die vom Landesdenkmalamt geleitete tiefgreifende Restaurierung hatte sich zum Ziel gesetzt, möglichst viel von der originalen Substanz des Sandsteins zu erhalten und nur diejenigen Elemente, die zu stark beschädigt waren, durch Kopien zu ersetzen. Zu diesen zählen neben den beiden erwähnten seitlichen Schrifttafeln auch zwei Sockelsteine, die Zwischenplatte, auf welcher das Waffenarrangement abgelegt ist, sowie der Helm samt Federbusch.

Grabmal für Michael Ludwig von Diezelsky, Porträtmedaillon. Aufnahme 2023

Literatur

Hintze 1937, S. 75, Nr. 54, Abb. S. 64/65; Demps 1998, S. 72, Nr. 21; Invalidenfriedhof 2003, S. 33, Abb. S. 10, 31, 32; Demps/Scheer/Mende 2007, S. 85, Nr. 124. – Zur Person: König Bd. 1, 1788, S. 361 f.

---

1 König Bd. 1, 1788, S. 362.

GRABMAL FÜR ERNST OTTO VON REINECK

25. Januar 1729 Eisenach – 20. Januar 1791 Berlin

Königlich Preußischer Oberst, Chef des Invalidenkorps und Kommandant des Invalidenhauses

Ernst Otto von Reineck beendete seine knapp fünfzigjährige Soldatenlaufbahn als fünfter Kommandant des Invalidenhauses und wurde daher nach seinem Tod auf dem zugehörigen Friedhof bestattet. Seine letzte Ruhestätte liegt im Grabfeld A in unmittelbarer Nachbarschaft zu den Grabmälern seiner Vorgänger Georg Christoph von Daembke und Michael Ludwig von Diezelsky sowie seines Nachfolgers Heinrich von Arnim (1735–1800), mit denen zusammen sie ein eindrucksvolles Ensemble bildet.

In Eisenach geboren, trat Ernst Otto von Reineck 1744 in das Regiment Markgraf Karl der preußischen Armee ein und nahm sogleich am Zweiten Schlesischen Krieg teil. Als 1756 der Siebenjährige Krieg ausbrach, hatte er den Rang eines Premierleutnants erreicht und war in der Folgezeit bei zahlreichen Schlachten im Einsatz. Besonders ausgezeichnet hat er sich in der Schlacht bei Freiberg am 29. Oktober 1762, so dass ihm im Dezember desselben Jahres der Orden *Pour le Mérite* verliehen wurde. Bis 1784 stieg er noch zum Oberst auf, ehe er 1788 die Kommandantur des Invalidenhauses übernahm.

Das etwa 2,70 Meter hohe und in Sandstein ausgeführte Grabmal für v. Reineck dürfte in dessen Todesjahr entstanden sein. Von wem der Entwurf stammt und wer es ausgeführt hat, ist bislang nicht bekannt. An Volumen und Präsenz reicht es nicht an das Grabmal für v. Diezelsky heran, von dem es zunächst etwas in den Schatten gestellt wird. Seine Qualitäten offenbaren sich auf den zweiten Blick.

Es stellt einen Säulenstumpf dar, der auf einem mehrfach gestuften Unterbau aufsitzt und eine schwere Prunkurne trägt. Das Fundament wird von unbearbeiteten rohen Feldsteinen gebildet, die – anders als der von Menschenhand kunstfertig bearbeitete Sandstein des eigentlichen Grabmals – noch stark dem Erdreich verhaftet

Grabmal für Ernst Otto von Reineck, Urne. Aufnahme 2023

Grabmal für Ernst Otto von Reineck, Waffenarrangement. Aufnahme 2023

sind. Auf der Vorderseite des Sockels ist eine Inschrift angebracht: »DES TODES DER VERWESUNG RAUB / IST JA DIE HÜLLE NUR VON STAUB / DIE DICH VOLLENDETER UMGAB HIENIEDEN / DU LEBE DORT SIE RUHE HIER IN FRIEDEN«. Auf dem Sockel wiederum ruht die Plinthe, auf der die Basis der kannelierten Säule steht.

Name, Rang und Todestag des Verstorbenen sind weiter oben auf einem der Urne angehefteten Blatt verzeichnet. Dass diese Angaben auf einem beiläufig angebrachten Papier erscheinen, lässt eine ironische Grundhaltung gegenüber der vermeintlichen Dauerhaftigkeit eines steinernen Grabmals erkennen, die sich auch in den an der Urne anstelle von Henkeln angebrachten Maskenköpfen äußert. Auf v. Reinecks Wirken als Soldat verweist nicht zuletzt das abgelegte Waffenarrangement, das lose an der Säule herunterhängt und zur Belebung des Umrisses beiträgt.

Ein vergleichbares und nur einige Jahre älteres Grabmal war dasjenige für Eli Jouin (gest. 1780), das im Grabfeld B stand und dort noch nach 1945 nachgewiesen ist.[1] Außer dem Säulenstumpf mit Totenurne fand sich hier noch ein vollplastisch gearbeiteter trauernder Putto mit gesenkter Fackel und abgelaufener Sanduhr, der sich am Fuß der Säule niedergelassen hatte.

Während das Grabmal für Jouin in der Folgezeit komplett verlorenging, blieb das Grabmal für v. Reineck erhalten, erlitt allerdings durch Krieg, Witterungseinflüsse und jahrzehntelange Vernachlässigung beträchtliche Schäden, die erst zwischen 2000 und 2003 behoben werden konnten. Für diesen Zeitraum standen in einer zweiten Förderung erneut Mittel der Stiftung Deutsche Klassenlotterie Berlin zur Verfügung. Der Gartenbauarchitekt Dipl.-Ing. Klaus Böhme betreute die Restaurierung, und der Bildhauer Lutz Dölle führte die konkreten Maßnahmen aus. Dazu zählte die Ergänzung fehlender Teile in Sandstein, was den Vasendeckel, den Vasensockel und Teile der Plinthe betraf. Daneben wurden Einschusslöcher und kleinere Fehlstellen durch Vierungen und Steinersatzmasse beseitigt. Und schließlich erfolgte die Freilegung des Feldsteinsockels, der im Lauf der Zeit durch hinzugekommenes Erdreich ganz verdeckt worden war.

Literatur

Hintze 1937, S. 76, Nr. 143; Demps 1998, S. 83, Nr. 17; Invalidenfriedhof 2003, S. 28, 30, Abb. S. 31; Demps/Scheer/Mende 2007, S. 85f., Nr. 125. – Zur Person: König Bd. 3, 1790, S. 275f.

---

1 Treuwerth 1925, S. 68; Invalidenfriedhof 2003, S. 28, 30.

Grabmal für Eli Jouin, nicht erhalten. Aufnahme 1946

GRABMAL FÜR FRIEDRICH WILHELM VON ROHDICH

22. Februar 1719 Potsdam – 23. Januar 1796 Berlin

Königlich Preußischer General der Infanterie und Kriegsminister

Friedrich Wilhelm von Rohdich wurde 1719 in Potsdam geboren und in der dortigen Hof- und Garnisonkirche getauft, die sich damals noch in der Schlosskapelle des Stadtschlosses befand. Sein Vater war Feldwebel im Leibgarde-Grenadier-Bataillon im Regiment des Königs (No. 6), also bei den sogenannten Langen Kerls, und diesen sollte 1736 auch der Sohn im Range eines Unteroffiziers beitreten, nachdem er zuvor auf Kosten des Königs für zwei Jahre das Joachimsthalsche Gymnasium besucht hatte. Nach der Thronbesteigung Friedrichs des Großen wechselte er 1740 als Fähnrich in das I. Bataillon Garde im neu ernannten Regiment Garde (No. 15). In dieser Einheit nahm er an beiden Schlesischen Kriegen und am Siebenjährigen Krieg teil, wobei er 1741 und 1742 verwundet wurde. 1744 erfolgte seine Ernennung zum Secondeleutnant und seine Erhebung in den Adelsstand. Als v. Rohdich 1776 das Kommando über das gesamte Regiment übernahm, hatte er es inzwischen zum Oberst gebracht. Als solcher führte er sein Regiment 1778/79 im Bayerischen Erbfolgekrieg an. 1779 wurde er im Rang eines Generalmajors zum Commandeur en Chef des Garde-Grenadier-Bataillons ernannt. Dies war dasselbe Bataillon, bei dem er 1736 seine Ausbildung begonnen hatte und das allein die 1740 erfolgte Auflösung des Regiments des Königs (No. 6) überlebt hatte, weshalb es in der Armee nunmehr selbst den Rang eines Regiments einnahm. Und es war das Bataillon, dem v. Rohdich 1796 sein Vermögen vermachen sollte, das die Grundlage für das bis heute segensreiche Wirken des v. Rohdischen Legatenfonds bildet. Ebenfalls 1779 wurde er Kommandant von Potsdam und des dortigen Großen Militärwaisenhauses, dessen

Grabmal für Friedrich Wilhelm von Rohdich. Aufnahme 2023

E. H., Friedrich Wilhelm von Rohdich, um 1780/90, Radierung. Reckahn, Rochow-Museum

Gedeihen ihm besonders am Herzen lag. 1786 wurde er zum Generalleutnant befördert.

Aufgrund außergewöhnlicher Fähigkeiten wurde v. Rohdich regelmäßig für besondere Aufgaben eingesetzt. So unternahm er 1746/47 und 1759 Reisen bis in das Elsaß und die Schweiz, um Soldaten für die preußische Armee anzuwerben. Inspektionsreisen führten ihn 1750/51 und 1775 nach Schlesien, und 1776 war er gar kurzzeitig Inspekteur der in Westfalen stehenden Infanterieregimenter. Vor allem jedoch gehörte er zu den wenigen Personen, mit denen der König, selbst noch am Tage seines Todes, täglichen Umgang pflegte. Unter Friedrich Wilhelm II. wurde er 1787 zum Wirklichen Geheimen Staats- und Ersten Kriegsminister sowie zum Vizepräsident des neuerrichteten Ober-Kriegskollegiums ernannt; zudem erfolgte seine Aufnahme in den Geheimen Staatsrat. All dies machte seinen Umzug nach Berlin erforderlich, wo er sich in seinem Haus am Pariser Platz 3 niederließ, das er später seinem Garde-Grenadier-Bataillon zur Unterstützung von Soldatenkindern vermachte.

Gleich dreimal wurde Rohdich mit dem Orden *Pour le Mérite* ausgezeichnet, nämlich für seine Einsätze 1757 bei der Belagerung von Prag, als er den Ausfall der Besatzung verhinderte, und in der Schlacht von Leuthen sowie 1760 in der Schlacht bei Torgau. Auf seinem Grabstein wird er explizit als »GARDERITTER DES ORDENS VOM VERDIENST« bezeichnet.

Als hochrangiger General fand er seine letzte Ruhestätte auf dem Grabfeld A in nächster Nähe zu den prominenten Gräbern der Kommandanten des Invalidenhauses. Hier kündigt sich bereits an, was sich bald darauf im Grabfeld C

Edward Francis Cunningham, Die Rückkehr Friedrichs des Großen vom Manöver, um 1787, Öl auf Leinwand. SPSG, Schloss Sanssouci, GK I 4324.
Friedrich Wilhelm von Rohdich ist als vierter von rechts auf einem Schimmel dargestellt.

machtvoll fortsetzen sollte: Nämlich dass sich hochrangige Militärs gerne auf dem Invalidenfriedhof bestatten ließen, auch wenn sie weder zum Invalidenhaus noch zu der angeschlossenen Zivilgemeinde gehörten.

Wer den Entwurf zu seinem Grabmal anfertigte, ist nicht bekannt. Bisweilen wird der Name von David Gilly dafür ins Spiel gebracht, wofür es jedoch keinen

Grabmal für Friedrich Wilhelm von Rohdich. Aufnahme um 1990

Grabmal für Friedrich Wilhelm von Rohdich, Rückseite. Aufnahme 2023

Beleg gibt. Auftraggeberin war seine Witwe Friederike Karoline, die nach ihrem Tod 1806 offensichtlich nicht an der Seite ihres Mannes bestattet wurde.

Der eigentliche Grabstein besteht aus einem mehrfach profilierten und sich nach oben zu leicht verjüngenden Sockel, auf dessen größter Fläche auf der Vorder- wie auf der Rückseite je eine Inschriftentafel aus dem Stein herausgearbeitet ist. Darüber erhebt sich auf schlankem Fuß eine voluminöse gestauchte Deckelurne, die sich aus klaren Einzelformen zusammensetzt. Die Sockelinschrift auf der Vorderseite informiert über v. Rohdichs Lebensdaten sowie seine wichtigsten Titel und Funktionen. Auf der Rückseite haben die Hinterbliebenen ihrer Hochachtung für v. Rohdich in persönlichen Worten Ausdruck verliehen: »GESCHAETZT VON DREI MONARCHEN ALS / DER REDLICHSTE DIENER DES STAATES. / BEWUNDERT VON ALLEN ALS MILD. / GELIEBT ALS MENSCHENFREUND«. Und auf der Urne selbst ist zu lesen: »HIER RUHET DIE ASCHE DES BESTEN MANNES« – was allerdings nicht wörtlich aufzufassen ist, denn selbstverständlich wurde er in einer Erdbestattung beigesetzt. Die efeubewachsene Grabfläche wird von steinernen Schwellen eingefasst, auf denen mit Kugeln besetzte gedrungene Pylone sitzen, die das Umfassungsgitter halten.

Bereits 1920 erfolgte eine erste umfassende Erneuerung der Grabstätte, und zwar, wie es auf der Rückseite des Grabsteins steht, durch »DIE DANKBAREN KINDER DES / ERSTEN GARDEREGIMENTS ZU FUSS.« Es ist nicht ausgeschlossen, dass das massive gusseiserne Gitter überhaupt erst damals neu dazukam. 1990 befand sich das Grabmal in einem wenig ansehnlichen Zustand, wobei die DDR-Denkmalpflege immerhin noch veranlasst hatte, dass der offenbar stark beschädigte Fuß der Urne erneuert und ausgetauscht worden war. Ansonsten war der Stein jedoch stark verwittert, und das Umfassungsgitter war ganz verschwunden. In den Jahren 1998/99 konnte mit Geldern des v. Rohdich'schen Legatenfonds die vollständige Sanierung der Anlage durchgeführt werden, und zwar unter der Ägide des Ingenieurbüros Thomas Bolze und des Restaurators Thomas Schubert. Man kam überein, das eigentliche Grabmal in Gänze in einem hellen, gelblichen schlesischen Sandstein zu kopieren und das ramponierte Original in das Lapidarium zu versetzen. Mit Hilfe von einigen wenigen Befunden sowie auf der Grundlage historischer Fotografien gelang außerdem die Rekonstruktion des gusseisernen Gitters, welche in der Eisengießerei Behr durchgeführt wurde. Abschließend wurden dessen Pfosten und Verbindungsstangen zum Schutz vor Korrosion mit einer Flammspritzverzinkung versehen. 2019 erfolgte eine Reinigung und Sanierung, die erneut vom v. Rohdich'schen Legatenfonds bezahlt wurden.

Literatur

Treuwerth 1925, S. 73; Hintze 1937, S. 75 f., Nr. 142; Demps 1998, S. 83, Nr. 24; Invalidenfriedhof 2003, S. 37–39, Abb. S. 38; Demps/Scheer/Mende 2007, S. 87, Nr. 129. – Zur Person: König Bd. 3, 1790, S. 275 f.; ADB Bd. 29, 1889, S. 52–54 (Bernhard Poten); Priesdorff Bd. 2, 1937, S. 137–139, Nr. 657; Schüßling o. J.

GRABMAL FÜR FRIEDRICH BOGISLAV EMANUEL GRAF TAUENTZIEN VON WITTENBERG

15. September 1760 Potsdam – 20. Februar 1824 Berlin

Königlich Preußischer Kommandierender General

Die eher schlichte Grabstätte für Friedrich Bogislav Emanuel Graf Tauentzien von Wittenberg lässt kaum erahnen, dass hier eine der bedeutendsten Persönlichkeiten des Invalidenfriedhofs begraben liegt. Für das 1835 angefertigte Grabmal wurde erneut auf den Typus eines Sarkophags zurückgegriffen, wie er bereits bei den frühesten Grabmälern des Friedhofs aus den 1780er Jahren auftrat – allerdings mit dem Unterschied, dass die Deckplatte nunmehr nicht mehr aus Sandstein, sondern in Gusseisen gefertigt wurde.

Bogislav von Tauentzien war der Sohn von Friedrich Bogislav von Tauentzien (1710–1791), dem berühmten General aus friderizianischer Zeit, der sich durch die Verteidigung der Festung Breslau im Jahr 1760 besondere Meriten erworben hatte. Sein monumentales Grabdenkmal vor den Toren Breslaus, die schlichte Grabstätte des Sohnes in Berlin an künstlerischem Aufwand bei weitem übertreffend, bildete bis 1945 den Mittelpunkt des nach ihm benannten Platzes.

Die militärische Karriere des Sohnes war somit vorgezeichnet. 1775 trat er als Standartenjunker in das Regiment Gens d'Armes (No. 10) ein. Ein Jahr später wurde er bereits Fähnrich im Infanterie-Regiment Prinz Heinrich (No. 35) und dabei zum Adjutanten des Prinzen Heinrich auserkoren, den er sowohl im Bayerischen Erbfolgekrieg 1778/79 als auch auf dessen beiden Reisen nach Frankreich 1784 und 1788/89 begleiten sollte. Edward Francis Cunninghams 1785 entstandenes

Grabmal für Friedrich Bogislav Emanuel Graf Tauentzien von Wittenberg.
Aufnahme 2023

Doppelporträt ist Ausdruck des besonderen Vertrauensverhältnisses zwischen dem Prinzen und seinem Adjutanten.[1] Der in Berlin ansässige Schabkünstler und Radierer Charles Townley fertigte davon sogar ein Schabkunstblatt an, so dass das Sujet weitere Verbreitung fand.[2]

Im Range eines Majors wechselte Tauentzien 1791 in den Dienst Friedrich Wilhelms II. 1792 wurde er in den Grafenstand erhoben, 1793 erfolgte seine Ernennung zum Oberstleutnant und Flügeladjutanten des Königs. Von 1794 bis 1797 war er preußischer Gesandter in Sankt Petersburg. Nach seiner Rückkehr nach Berlin setzte er seine militärische Laufbahn fort, wurde im Range eines Generalmajors Chef des Infanterieregiments v. Laurens (No. 56) in Ansbach und befehligte 1806 in der Schlacht von Jena und Auerstedt das Hohenlohesche Korps. Das Jahr 1807 und einen Teil des Jahres 1808 verbrachte er in französischer Gefangenschaft, erst im Fort de Joux im Jura und dann für 16 Monate in Nancy. Von Friedrich Wilhelm III. wurde er zum Generalleutnant befördert und gehörte zu den 22 Generälen, die nach dem Zusammenbruch der preußischen Armee im Dienst des Königs verblieben. 1808 begab er sich nach Königsberg und wurde zum Chef der Brandenburgischen Brigade ernannt, 1808/09 begleitet er die königliche Familie nach Sankt Petersburg. In den Befreiungskriegen errang er als Kommandierender General des IV. Armee-Korps 1813/14 Erfolge in der Schlacht bei Dennewitz und mit der Einnahme der Feste Wittenberg, was ihm seinen Ehrennahmen einbrachte. 1815 übernahm er das Kommando über das VI. Armee-Korps, 1820 schließlich noch über das III. Armeekorps. Bei den Generälen Scharnhorst, Gneisenau, Boyen und Bülow soll Tauentzien nur in geringem Ansehen gestanden haben. Dass er nicht im Ehrenhain von Grabfeld C bestattet wurde, sondern im Grabfeld A, mag jedoch Zufall sein.

Ernst Gebauers Porträt aus dem Jahr 1820 zeigt v. Tauentzien in reifem Alter und mit Orden behangen: Dem *Pour le Mérite* (13. Dezember 1792), dem Roten Adlerorden (1806), dem Schwarzen Adlerorden (15. September 1813) und dem Großkreuz des Eisernen Kreuzes (26. Januar 1814). Zudem trägt er auf diesem Gemälde den russischen Annenorden, den österreichischen Militär-Maria-Theresien-Orden sowie den Johanniterorden.

Sein erst 1835 entstandenes Grabmal auf dem Invalidenfriedhof geht auf einen Entwurf von Karl Friedrich Schinkel zurück. Dies betrifft insbesondere die Gestaltung der im Eisengussverfahren hergestellten Grabplatte, die in einer kaum merklichen Neigung auf dem Unterbau aufliegt. Hier sind die Großbuchstaben der Inschrift ebenso vergoldet wie die nachträglich aufgesetzten Eckrosetten. Aus der

Ernst Gebauer, Friedrich Bogislav Emanuel Graf Tauentzien von Wittenberg, 1820, Öl auf Leinwand. SPSG, Schloss Charlottenburg, GK I 9875

Edward Francis Cunningham, Prinz Heinrich von Preußen und sein Adjutant Friedrich Bogislav Emanuel, um 1785, Öl auf Papier, auf Leinwand aufgezogen. SPSG, Schloss Rheinsberg, GK I 9036

Charles Townley nach Edward Francis Cunningham, Prinz Heinrich von Preußen und sein Adjutant Friedrich Bogislav Emanuel von Tauentzien, 1787, Schabkunstblatt. London, British Museum, Inv. Nr. 2010,7081.3487

Biographie Tauentziens hebt die Inschrift nur seine bedeutendsten Funktionen hervor: »WAEHREND DER / BEFREIUNGS-KRIEGE WAR ER / IN DEN JAHREN 1813 UND 1814 / COMMANDIRENDER GENERAL / DES 4TEN UND IM JAHRE 1815 / DES 6TEN ARMEE-CORPS.«

Fast zehn Jahre lang war Tauentziens Grab überhaupt nicht durch ein Grabmal gestaltet, was Job von Witzleben in seiner Funktion als Kriegsminister (siehe S. 125–129) veranlasste, von Karl Friedrich Schinkel einen Entwurf zu erbitten. Dieser legte dann sogar zwei Entwürfe vor, einen im gotischen und einen im antiken Stil, doch wurden wohl aus Kostengründen beide verworfen.[3] Stattdessen gelangte die vergleichsweise schlichte und sparsame Lösung eines Sarkophags mit gusseiserner Grabplatte aus der Königlich Preußischen Eisengießerei zur Ausführung.

Die 1998 aus Mitteln der Stiftung Deutsche Klassenlotterie Berlin durchgeführte Restaurierung erfolgte durch die Restauratorengemeinschaft *Der Steinhof* und den Dipl.-Restaurator Thomas Riedel. Am steinernen Unterbau wurden dabei Fehlstellen ergänzt. Die Platte wurde gereinigt und erhielt einen neuen Anstrich, der eine Bronzierung vortäuschen soll. Die Buchstaben wurden durch Pudergold in Alkydharz in Gold gehöht, und die verlorenen Rosetten in Messing rekonstruiert. 2019 fand eine neuerliche Restaurierung statt, die dieses Mal durch Mittel des Landesdenkmalamtes Berlin und eine Spende des Vereinsmitglieds Marie-Rose Wehrle bestritten wurde.

Literatur

Treuwerth 1925, S. 73 f., Abb.; Hintze 1937, S. 77, Nr. 141; Rave 1962, S. 320; Demps 1998, S. 86, Nr. 31; Invalidenfriedhof 2003, S. 39 f., Abb. S. 41; Demps/Scheer/Mende 2007, S. 83, Nr. 122; Rehberger 2017, S. 63 f. – Zur Person und ihren Porträts: ADB Bd. 37, 1894, S. 447–452 (Bernhard Poten); Priesdorff Bd. 3, 1937, S. 94–103, Nr. 1017; Ausst. Kat. Rheinsberg 2002, S. 494, 499, Kat. Nr. VIII. 3.

---

1 Ausst. Kat. Rheinsberg 2002, S. 494, 499, Kat. Nr. VIII. 3.
2 Ebd., S. 499.
3 Rehberger 2017, S. 63f., Abb. 50.

GRABMAL FÜR GEORG DUBISLAV LUDWIG VON PIRCH

GRABMAL FÜR OTTO CARL LORENZ VON PIRCH

13. Dezember 1763 Magdeburg –
3. April 1838 Berlin
Königlich Preußischer Generalleutnant

23. Mai 1765 Stettin –
26. Mai 1824 Berlin
Königlich Preußischer Generalleutnant

Die beiden wirkungsvoll als Paar auf dem Grabfeld A aufgestellten Grabmäler für die Brüder Georg Dubislav Ludwig und Otto Carl Lorenz von Pirch stehen noch in Sichtweite der Kommandantengräber des 18. Jhs. (siehe Abb. S. 92). Mit demjenigen für Michael Ludwig von Diezelsky bestehen sogar grundsätzliche formale Übereinstimmungen, handelt es sich doch in beiden Fällen um einen blockhaften, altarartigen Unterbau, der von einem Prunkhelm mit Federbusch bekrönt wird (siehe Abb. S. 82). Die Pirch'schen Grabmäler sind nun freilich der neuen Zeit verpflichtet und nicht mehr in Sandstein gearbeitet, sondern aus Eisen gefertigt. Der Entwurf dafür stammt nach einhelliger Meinung von Karl Friedrich Schinkel, hergestellt wurden sie in der nahegelegenen Königlich Preußischen Eisengießerei. Auf deren Neujahrsplakette für das Jahr 1825 ist das Modell dargestellt, das außerdem noch im selben Jahr auch für die Grabstätte von Oberst Carl von Schachtmeyer (1779–1825) auf dem Berliner Garnisonfriedhof verwendet wurde, wo es noch heute steht.[1] Gut möglich, dass das Grabmal des im Mai 1824 verstorbenen Otto Carl Lorenz von Pirch noch in seinem Todesjahr und damit ein Jahr früher entstand. Erst vierzehn Jahre später kam das nahezu identische Grabmal für seinen Bruder hinzu. Auftraggeber waren in beiden Fällen, wie auf den Postamenten zu lesen, ihre Geschwister.

Jedes Postament besteht aus vier gestuften Sockelplatten und vier größeren Platten für die Inschriften, die nach ihrem Guss zusammengeschweißt wurden.

Grabmäler für Georg Dubislav Ludwig und Otto Carl Lorenz von Pirch. Aufnahme 2023

Grabmal für Georg Dubislav Ludwig von Pirch, Prunkhelm auf Eichenkranz.
Aufnahme 2023

Darauf liegt eine mehrfach profilierte Deckplatte, auf der die bekrönenden Schmuckelemente von Eichenkranz, Schwert und Prunkhelm wie auf einem Altar abgelegt sind. Sämtliche Bestandteile des Grabmals sind einheitlich von einer bronzegrünen Farbfassung überzogen. Drei Seiten des Postaments sind jeweils mit Inschriften versehen, die im wesentlichen Namen, Rang und Lebensdaten der beiden Verstorbenen mitteilen. Auf der Rückseite hingegen ist jeweils ihr Stammwappen angebracht, das eine Karausche im Wappenschild zeigt. Man darf annehmen, dass ursprünglich ein Gitter die Grabstätte abschirmte, doch fehlt ein solches bereits auf dem Foto von 1897 – das übrigens bis vor kurzem als das älteste Foto des Friedhofs überhaupt galt.[2]

Georg Dubislav Ludwig von Pirch trat 1775 als Gefreitenkorporal in das Infanterie-Regiment Hessen-Kassel (No. 45) und nahm darin 1778/79 am Bayerischen

Unbekannter Maler, Otto Carl Lorenz von Pirch, Aquarell, um 1820. Versteigert am 23. Mai 2019 bei HERMANN HISTORICA GmbH, Grasbrunn

Unbekannter Maler, Georg Dubislav Ludwig von Pirch. Öl auf Karton, um 1820. Versteigert am 23. Mai 2010 bei HERMANN HISTORICA GmbH, Grasbrunn

Erbfolgekrieg und 1789/90 an der Besetzung Lüttichs teil. Danach war er stationiert in Wesel und später in Bayreuth, wo er 1792 Inspektionsadjutant bei der fränkischen Infanterie-Inspektion wurde. 1793 erlebte er die Belagerung von Mainz mit, 1795 wurde er zum Stabskapitän ernannt. 1797 wechselte er in die niederschlesische Infanterie- und schlesische Füsilier-Inspektion als Adjutant von Friedrich Ludwig Fürst zu Hohenlohe-Ingelfingen (1746–1818) und wurde zum Major befördert.

In diesem Zusammenhang sei das Grabmal des Fürsten erwähnt, das aus der nahegelegenen Königlich Preußischen Eisengießerei in Gleiwitz stammte und wohl bald nach seinem Tod im Park seines Gutes in Slawentziz (Sławięcice), das er durch Heirat erlangt hatte, aufgestellt wurde. Der altargleiche Quaderblock diente zur Ablage von Waffen und insbesondere eines Prunkhelms. Damit weist das Grabdenkmal auffallende Parallelen zu den beiden Pirch'schen Grabmälern auf und könnte in

Grabmal für Georg Dubislav Ludwig von Pirch, Wappen der Familie von Pirch mit einer Karausche. Aufnahme 2023

deren Entwurf – was freilich noch näher zu untersuchen bliebe – als Anregung eingeflossen sein.

Im Stab des Fürsten nahm Georg von Pirch 1806 an der Schlacht von Jena teil und geriet in Prenzlau in französische Gefangenschaft, aus der er erst 1808 wieder zurückkehrte. 1809 wurde er im Rang eines Oberstleutnants Kommandant des zweiten westpreußischen Infanterieregiments in Breslau. An den Befreiungskämpfen zwischen 1813 und 1815 war er als Oberst und später als Generalmajor beteiligt. Er war Kommandeur der Infanterie innerhalb der oberschlesischen Brigade und ab 1815 zeitweilig Kommandeur des 2. Armeekorps. Aus Krankheitsgründen nahm er 1816 seinen Abschied von der Armee, nachdem er 1815 noch zum Generalleutnant befördert worden war. Auf seinem gegen 1820 entstandenen Porträt hat er voller Stolz die zahlreichen Orden angelegt, die ihm während seiner soldatischen Karriere verliehen wurden. Man erkennt darunter den *Pour le Mérite* mit Eichenlaub, den er am 24. Dezember 1813 für seine Verdienste in der Schlacht bei Leipzig erhielt, das Eiserne Kreuz I. und II. Klasse (1813), den Bruststern des Roten Adlerordens (18. Juni 1816) und den Russischen Orden des Heiligen Georg. Bei dem weißen Malteserkreuz könnte es sich um das Großoffizierskreuz der Ehrenlegion handeln.

Otto Carl Lorenz von Pirch trat 1775 in die preußische Armee ein, und zwar wie sein Bruder als Gefreitenkorporal im Infanterie-Regiment Hessen-Kassel (No. 45). 1787 wurde er zum Secondeleutnant ernannt und im Jahr 1795, als er bereits Adjutant der pommerschen Infanterieinspektion war, zum Stabskapitän. In der Zeit zwischen 1787 und 1794 war er an Feldzügen in Holland und Frankreich beteiligt. Seine Teilnahme an der Schlacht von Auerstedt 1806 erfolgte im Stab des Herzogs Karl Wilhelm Ferdinand von Braunschweig (1735–1806). 1807 wurde er Mitglied der

Grabmäler für Georg Dubislav Ludwig und Otto Carl Lorenz von Pirch. Aufnahme 1897

Grabmäler für Georg Dubislav Ludwig und Otto Carl Lorenz von Pirch. Aufnahme 1990

Ernst Wilhelm Knippel, Grabmal für Friedrich Ludwig Fürst zu Hohenlohe-Ingelfingen im Garten zu Schlawentzitz, Lithographie, um 1850. Kattowitz, Biblioteka Śląska

preußischen Kommission zur Untersuchung der Kriegsereignisse. Von 1809 bis 1813 war er Gouverneur der Prinzen Wilhelm (1797–1888) – des späteren Kaisers Wilhelm I. – und Friedrich (1794–1863). Am preußischen Befreiungskampf nahm er zwischen 1813 und 1815 im Rang eines Generalmajors an zahlreichen Schlachten teil und zeichnete sich dabei besonders in den Gefechten bei Ligny, Belle-Alliance und Villers-Cotterêts aus. 1819 avancierte er zum Generalleutnant und wurde Oberdirektor der Allgemeinen Kriegsschule. Sein Porträt zeigt ihn mit dem *Pour le Mérite* mit Eichenlaub (2. Oktober 1815), der am Hals befestigt ist, dem Stern des Roten Adlerordens I. Klasse (10. Januar 1818) und dem Eisernen Kreuz.

1990 präsentierten sich die beiden Grabmäler in einem recht mitgenommenen Zustand und waren stark vom Rost befallen. Am Grabmal für Georg von Pirch fehlten zudem der Prunkhelm und ein Großteil des Blätterkranzes. Doch immerhin standen sie noch beide aufrecht und waren anders als das Grabmal für Job von Witzleben nicht in sich zusammengebrochen. Nun wurden sie allerdings 1990 abgebaut, in ihre Einzelteile zerlegt und geborgen, ehe 1998 aus Mitteln der Stiftung Deutsche Klassenlotterie Berlin ihre umfassende Restaurierung eingeleitet werden konnte, mit der die Metallrestauratoren Rüdiger Roehl und Jan Skuin beauftragt wurden. Deren Maßnahmen umfassten zunächst die Beseitigung von Schäden an den Platten im Schweißverfahren und die Ergänzung von Fehlstellen. Danach wurden die Oberflächen gesandstrahlt, flammverzinkt und mit verschiedenen Anstrichen versehen. Heute erstrahlen sie wieder – nach erfolgtem sorgfältigen Befund – im charakteristischen Grün der Schinkel-Zeit. Außerdem mussten beim Grabmal für Georg von Pirch die vier Platten des Sockels nachgegossen sowie der Helm und etwa zwei Drittel der Eichenblätter rekonstruiert werden. Schließlich wurden beide Grabmäler im Inneren durch ein Edelstahlgerüst stabilisiert.

Literatur

Treuwerth 1925, S. 72, Abb.; Hintze 1937, S. 74 f., Nr. 138; Demps 1998, S. 81 f., Nr. 49, 50; Invalidenfriedhof 2003, S. 42, Abb. S. 41; Krosigk 2003b, S. 99; Demps/Scheer/Mende 2007, S. 76 f., Nr. 110, 111. – Zu den Personen: ADB Bd. 26, 1888, S. 172 f., 175 f. (Bernhard Poten); Priesdorff Bd. 3, S. 439–441, Nr. 1210, S. 450, Nr. 1213.

---

1 Gartendenkmale 2008, S. 136 (Jörg Kuhn).
2 Demps 1998, S. 31. – Bei den Recherchen für diese Festschrift konnte hingegen ein Foto des Scharnhorst-Grabmals von Leopold Ahrendts identifiziert werden, das aus der Zeit um 1860/70 stammt und nunmehr mit Sicherheit die älteste Aufnahme des Friedhofs ist (siehe Abb. S. 119).

GRABANLAGE FÜR GERHARD DAVID VON SCHARNHORST UND SEINE FAMILIE

12. November 1755 Bordenau – 28. Juni 1813 Prag

Königlich Preußischer Generalleutnant

G erhard David von Scharnhorst ist wohl die bedeutendste Persönlichkeit, die auf dem Invalidenfriedhof begraben liegt – und sein von Karl Friedrich Schinkel entworfenes und am 2. Mai 1834 eingeweihtes Grabmal zugleich das kunsthistorisch herausragendste, das für diesen Friedhof jemals geschaffen wurde. Es liegt im Grabfeld C, weitab von dem bis dahin bevorzugten Grabfeld A, und begründete den Ehrenhain, der dem Invalidenfriedhof noch immer sein ganz besonderes Gepräge verleiht. Eine erst jüngst als früheste Aufnahme des Friedhofs identifizierte Fotografie aus der Zeit um 1860/70 hält just diese Grabstätte fest, die heute auch als Ehrengrab des Landes Berlin gepflegt wird.

Gerhard Johann David Scharnhorst wurde am 12. November 1755 im kurhannoverschen Bordenau geboren. Aufgewachsen ist er in ärmlichen Verhältnissen und soll nur eine mangelhafte Schulbildung genossen haben. 1773 erfolgte seine Aufnahme in die Kriegsschule des Grafen Wilhelm zu Schaumburg-Lippe (1724–1777) auf der Festung Wilhelmstein im Steinhuder Meer. 1775 wurde er Conducteur, ehe er 1778 in kurhannoversche Dienste trat. Hier wurde er Fähnrich im 8. Dragonerregiment und machte sich außerdem mit ersten Publikationen einen Namen. 1783 wurde er auf Studienreise durch Deutschland zur Inspektion militärischer Einrichtungen geschickt und außerdem, nunmehr im Rang eines Leutnants, als Lehrer an der kurhannoverschen Artillerieschule eingesetzt. Seine Neigung zur theoretischen

Grabmal für Gerhard David von Scharnhorst. Aufnahme 2023

Durchdringung des Kriegswesens machte ihn schließlich zu einem der bedeutendsten Heeresreformer seiner Epoche. 1787 legte er ein *Handbuch für Officiere in den anwendbaren Theilen der Kriegswissenschaften* vor, 1792 ein *Militärisches Taschenbuch für den Gebrauch im Felde*. Während des Ersten Koalitionskriegs zog er 1793 als Artilleriekapitän gegen Frankreich. Als Generalstabsoffizier kam ihm 1794 das Verdienst zu, dass der Garnison der belagerten Festung Menen (Menin) in Flandern die Selbstbefreiung gelang. Noch im selben Jahr erfolgte seine Beförderung zum Major und zum zweiten Aide-Generalquartiermeister.

1798 noch in Hannover zum Oberstleutnant ernannt, wechselte er 1801 im selben Rang in preußische Dienste und wurde Direktor am Lehrinstitut für Kriegswissenschaften in Berlin. Bereits im Mai erhielt er eine erste Audienz bei König Friedrich Wilhelm III., dessen Vertrauen er rasch gewann; 1802 wurde er in den Adelsstand erhoben. Noch 1801 trat er als Mitbegründer der Militärischen Gesellschaft in Erscheinung und übernahm außerdem die Direktion der Akademie für junge Offiziere der Infanterie und Kavallerie, woraus 1810 die Preußische Kriegsakademie hervorging. 1804 avancierte er zum Oberst und wurde zum Generalquartiermeisterleutnant und Chef der 3. Brigade des zugehörigen Stabes ernannt. In der für Preußen verheerenden Schlacht bei Auerstedt 1806 war er Generalstabschef unter Herzog Karl Wilhelm Ferdinand von Braunschweig (1735–1806). Kurzzeitig in Lübeck in französische Gefangenschaft geraten, wurde er zwei Tage später ausgetauscht und begab sich nach Ostpreußen, wohin die königliche Familie geflohen war. Im Februar 1807 nahm er als Stabschef im Feldkorps unter Anton Wilhelm von L'Estocq (1738–1815) an der Schlacht von Preußisch Eylau teil und trug entscheidend dazu bei, dass sie unentschieden endete. Im selben Jahr wurde er als Generalmajor in die Militär-Reorganisations-Kommission berufen, der auch August Neidhardt von Gneisenau (1760–1831) und Hermann von Boyen (siehe S. 137–145) angehörten. Sie verfolgte das Ziel, das preußische Heer nach modernen Gesichtspunkten neu aufzustellen. Scharnhorst regte ein aus aktiven Soldaten, Landwehr und Landsturm gebildetes Volksheer an, befürwortete die Ausweitung der Wehrpflicht, die Abschaffung ausländischer Werbungen sowie die Vergabe von Führungspositionen aufgrund von Befähigung.

Friedrich Bury, Gerhard David von Scharnhorst, 1810/13,
Öl auf Leinwand. Hannover, Niedersächsisches Landesmuseum,
Inv.-Nr. KA 238/1967

Grabmal für Gerhard David von Scharnhorst. Aufnahme 2023

Karl Friedrich Schinkel, Ausführungsentwurf für das Grabmal für Gerhard David von Scharnhorst, 1824, Tusche auf Velinpapier. Staatliche Museen zu Berlin, Kupferstichkabinett, Inv.-Nr. SM 21c.96

1808 wurde er vortragender Generaladjutant des Königs sowie Direktor des Allgemeinen Kriegs-Departements, Chef des Ingenieur- und Pionierkorps sowie Generalinspektor der Festungen. 1810 erfolgte auf Druck Napoleons offiziell seine Entlassung als Direktor des Allgemeinen Kriegs-Departements, er blieb jedoch Chef des Generalstabs. 1811 führten ihn diplomatische Missionen nach Sankt Petersburg und Wien. Nach Abschluss des Bündnisvertrags zwischen Preußen und Frankreich zog er sich nach Breslau zurück, übernahm dann jedoch 1813 den Auftrag zum beschleunigten Aufbau und Mobilisierung der Streitkräfte. Im Rang eines Generalleutnants nahm er nun als Generalstabschef des preußischen Oberbefehlshabers Gebhard Leberecht von Blücher (1742–1819) an den Befreiungskriegen teil. In der Schlacht bei Großgörschen am 2. Mai 1813, die noch mit einer preußischen Niederlage endete, erlitt er eine Verwundung am Bein, der er am 28. Juni 1813 in Prag erlag, wo er zunächst auch bestattet wurde.

Auf dem bekannten Porträt von Friedrich Bury, von dem mehrere Repliken existieren und dessen Original im Landesmuseum in Hannover hängt, trägt er am Hals den *Pour le Mérite*, der ihm für seine Verdienste in der Schlacht von Preußisch Eylau verliehen worden war. Deutlicher stechen allerdings daneben das weiße Kreuz des Roten Adlerordens und der Bruststern des russischen Annenordens hervor.

Grabmal für Gerhard David von Scharnhorst. Aufnahme um 1860/70 von Leopold Ahrendts

Nach J. Unte, Das Scharnhorst-Grabmal. Holzstich, in: Das Buch für Alle Bd. 15, 1880 (Heft 25), S. 593

Scharnhorsts Grabstätte auf dem Prager Friedhof dürfte anfänglich äußerst schlicht gewesen sein, denn 1819 begann man in Berlin, Geld für ein würdiges Grabmal zu sammeln. 1820 erteilte eine Kommission von Generälen unter dem Vorsitz Gneisenaus Schinkel dafür einen Auftrag. Dessen erster Entwurf sah noch eine Grabkapelle mit der Büste des Verstorbenen vor,[1] doch bis 1824 entwickelte er dann das zur Ausführung bestimmte Monument. Dabei handelt es sich um einen auf zwei blockartige Pfeiler gesetzten Kenotaph (also einen leeren Scheinsarkophag), dessen Wandung umlaufend von szenischen Reliefs geschmückt wird und auf dessen Deckplatte ein in Bronze gefertigter Löwe ruht. Die tragenden Pfeiler stehen ihrerseits auf einem quaderförmigen Block, der über einem niedrigen Sockel anhebt. Später kam noch die Idee eines umlaufenden Eisengitters hinzu, das den Begräbnisplatz abschirmt.

Schinkel hat sein Werk, das so unterschiedliche Vorbilder wie das 1380 errichtete Petrarca-Grabmal in Arquà Petrarca oder das 1821 eingeweihte Löwendenkmal

Grabmal für Gerhard David von Scharnhorst. Aufnahme 1991

in Luzern verarbeitet, im Jahr 1826 selbst beschrieben: »Ein Sarcophag von weißem Marmor, an dessen Seiten die Hauptmomente aus der Lebensgeschichte Scharnhorst's in Basrelief dargestellt sind, ist auf zwei starken pfeilerartigen Steinen in beträchtlicher Höhe aufgestellt, so daß die daran befindlichen Kunstwerke vor der Feuchtigkeit sowohl als vor Angriff geschützt sind. Am Deckstein des Sarcophages stehen die Inschriften, und auf den in den letzten Augenblicken seines Lebens ausgesprochenen Wunsch des Verewigten ist das eiserne Kreuz an den Ecken angebracht. Ein Löwe, in Metall gegossen, liegt ruhend auf dem Deckstein; das Metall hierzu wird aus eroberten Kanonen gewonnen.«[2]

Ebenfalls 1826 fand die Überführung von Scharnhorsts sterblichen Überreste auf den Berliner Invalidenfriedhof statt, wo sie am 9. September beigesetzt wurden. Schinkels zunächst noch für Prag vorgesehenes Grabmal wurde allerdings erst am 2. Mai 1834 eingeweiht. 1828 war der Guss des Löwen, eine Gemeinschaftsarbeit von Christian Daniel Rauch und Theodor Kalide, in der Königlichen Eisengießerei, die auch das Eisengitter lieferte, erfolgt. 1833 konnte Christian Friedrich Tieck seinen Relieffries fertigstellen. Den Zuschnitt der aus Carrara und Schlesien stammenden Marmorblöcke für Kenotaph und Unterbau hatten die Werkstätten von Christian Gottlieb Cantian besorgt.

Besondere Aufmerksamkeit verdienen die Inschriften und Reliefs auf dem Kenotaph. Während im Architrav unter den Reliefs die jeweilige Szene benannt wird, enthält das über ihnen angebrachte Gesims allgemeinere Texte: An den beiden Schmalseiten Scharnhorsts Lebensdaten – wobei Tag und Ort der Geburt fehlerhaft angegeben sind (»GEBOREN D.12. NOVBR. 1756 / ZU HAEMELSEE IN HANNOVER«) – und an den beiden Längsseiten Angaben zu diesem Grabmal. So ist auf der Nordseite eine Widmung angebracht: »SCHARNHORST / DIE WAFFENGEFAEHRTEN VON 1813«, während man auf der Südseite liest: »GERHARD DAVID VON SCHARNHORST K. P. GENERAL. L. / SEINE ÜBERRESTE WURDEN IM JAHRE 1826 VON PRAG / HIERHER GEFÜHRT, UM UNTER DIESEM SEINEM ANDENKEN / GESTIFTETEN DENKMALE ZU RUHEN.« Die Reliefs illustrieren zentrale Ereignisse seiner militärischen Karriere, die mit Orten wie der Festung Wilhelmstein, Menen, Berlin, Preußisch Eylau und Großgörschen verbunden sind. Scharnhorst tritt dabei entweder in antiker oder – wie auf der Darstellung, die seine Verdienste um die Wiederbewaffnung des preußischen Heeres würdigt (siehe Abb. Umschlagvorderseite) – in zeitgenössischer Tracht auf.

Es ist offen, ab wann daran gedacht war, auch Scharnhorsts Angehörige um das Grabmal herum zu bestatten und es somit zu einer Familiengrablege zu erweitern. Entscheidenden Einfluss darauf schreibt Theodor Fontane 1882 Scharnhorsts damals noch lebender Enkelin Agnes (1822–1898), verheiratete v. Münchhausen, zu, doch vielleicht ist damit auch nur die Beisetzung ihrer beiden Brüder gemeint, Gerhard (1819–1858) und August von Scharnhorst (1821–1875), die auf einer gemeinsamen Platte verewigt sind und mit deren Ableben die Familie ihres berühmten Großvaters zumindest männlicherseits ausstarb: »Ihrer vor keiner Mühe zurückschreckenden Anregung ist es zu danken, daß, seit dem Ablaufe dieses Sommers, ihr Ahnherr Gerhard David v. Scharnhorst alle die Seinen an seiner Grabstatt um sich versammelt sieht.«[3] Auch der Vater der drei oben genannten, Wilhelm von Scharnhorst (1786–1854) – Gerhard von Scharnhorsts erstgeborener Sohn –, sowie dessen Geschwister August (1795–1826) und Juliane (1788–1827), außerdem Julianes Ehemann Friedrich Graf zu Dohna (1784–1859), sind hier bestattet, wobei diese vier jeweils eine eigene große und aus Granit gefertigte Liegeplatte erhielten. Mit diesen nachträglichen Bestattungen scheint eine Veränderung einhergegangen zu sein, die allein die frühe Fotografie von 1860 sowie ein Holzstich aus dem Jahr 1880 überliefern, während sie auf allen bislang bekannten Aufnahmen bereits nicht mehr zu sehen ist: Nämlich die Pflanzung von Bäumchen in den vier Ecken des Eisengitters, die Fontane als Traueresche benennt.[4] Wahrscheinlich hat man sie später wieder entfernt, da ihr Wuchs das bedeutende Grabdenkmal allzu sehr verdeckte. Aus diesem Grunde würde man auch heute auf ihre Neupflanzung verzichten.

Gleich 1990 nun ließ das Institut für Denkmalpflege das nahezu gänzlich erhaltene Grabmal mit einem Schutzdach versehen, um vor allem die empfindlichen Marmorreliefs vor weiteren Witterungsschäden zu schützen. 1992 erfolgte der Beschluss zu einer vollumfänglichen Restaurierung, die dann bis 1996 abgeschlossen wurde. Die Bildhauerwerkstatt Hans Starcke erhielt den Auftrag, den Kenotaph samt Deckstein durch eine Kopie in Kunststein zu ersetzen, während das Original in die Alte Nationalgalerie gelangte. Während der Deckstein mit einer Armierung aus V4A-Stahl in einem Stück gegossen wurde, fertigte man die Reliefs in vier Einzelteilen an, die dann verklebt wurden. Nach wie vor original in situ belassen sind dagegen der marmorne Unterbau und der Löwe. Die Restaurierung des Gitters, ausgeführt von der Gießerei *pro artis*, umfasste dessen Spritzverzinkung und Behandlung mit Zinkstaubfarbe sowie den Nachguss fehlender Gitterteile. Der Förderverein ließ außerdem 1998 eine kleine Tafel aus schlesischem Marmor verlegen, um die falschen Angaben auf dem Grabmal zu korrigieren. 2016 erfolgte aus Mitteln der Beauftragten der Bundesregierung für Kultur und Medien sowie des Fördervereins eine restauratorische Überholung der gesamten Anlage.

Literatur

Schinkel 1826, Taf. 55; Fontane 1882, S. 408–414; Treuwerth 1925, S. 22–26, Abb.; Hintze 1937, S. 36–39, Nr. 47, Abb. Vorsatz, S. 4/5; Rave 1962, S. 327–333; Ausst. Kat. Berlin 1981, S. 166, Kat. Nr. 59; Ausst. Kat. Hamburg 1982, S. 89f., Kat. Nr. 5.22; Maaz 1995, S. 74–79, 367f., Kat. Nr. 177; Simson 1996, S. 211f., Kat. Nr. 127; Demps 1998, S. 129–131, Nr. 146a; Invalidenfriedhof 2003, S. 64f., Abb. S. 19, 21, 63; Krosigk 2003b, S. 100–102; Demps/Scheer/Mende 2007, S. 33f., Nr. 42; Gartendenkmale 2008, S. 160 (Jörg Kuhn); Rehberger 2017, S. 176–186. – Zur Person und ihrem Porträt: ADB Bd. 30, 1890, S. 588–597 (Bernhard Poten); Ausst Kat. Berlin 1936, S. 73; Priesdorff Bd. 3, 1937, S. 221–239, Nr. 1115; Usczeck 1979; Schreiner/Timm 1990, Textbd., S. 46–48, Kat. Nr. 71; Broicher 2005; NDB Bd. 22, 2005, S. 574f. (Johannes Kunisch).

1 Rehberger 2017, S. 176–179, Abb. 226f.
2 Schinkel 1826, Taf. 55.
3 Fontane 1882, S. 414.
4 Ebd.

GRABMAL FÜR
JOB WILHELM VON WITZLEBEN

20. Juli 1783 Halberstadt – 9. Juli 1837 Berlin

Königlich Preußischer Generalleutnant und Kriegsminister

Das Grabmal für Job von Witzleben liegt im Grabfeld C und bildet dort mit einer Höhe von 4,50 Metern eine der den Ehrenhain der preußischen Generäle besonders auszeichnenden Dominanten. Entworfen von Karl Friedrich Schinkel und hergestellt 1840 im Auftrag König Friedrich Wilhelms III. in der Königlich Preußischen Eisengießerei, zählt es zusammen mit den Grabstätten für Scharnhorst und Boyen zu denjenigen Grabmälern, die maßgeblich zu dem spezifisch preußischen Charakter des Invalidenfriedhofs beitragen.

Job von Witzleben war ab 1793 zunächst Leibpage am Hof König Friedrich Wilhelms II., ehe er 1799 als Fähnrich in das I. Bataillon Garde des Regiments Garde (No. 15) eintrat. Nach Beförderungen zum Sekonde- und Premierleutnant wurde er 1809 Stabskapitän im neu errichteten Garde-Jägerbataillon. 1813, inzwischen zum Major avanciert, übernahm er das Kommando über ein Bataillon im ebenfalls neugegründeten 2. Garde-Regiment zu Fuß, mit dem er bald darauf in den Krieg zog und an den Schlachten von Großgörschen und Leipzig teilnahm. Als Kommandant des Garde-Jägerbataillons und nunmehr als Oberstleutnant kämpfte er 1814 in der Schlacht vor Paris. Es wird überliefert, dass er in Paris dem jungen Giacomo Rossini begegnete, der sein Geigenspiel rühmte: »Schade, daß Sie Soldat sind; als Musiker würden Sie eine größere Rolle spielen.«[1] 1815 war Witzleben kurzzeitig Chef des Generalstabs unter General Friedrich Graf Kleist von Nollendorf (1762–1823) und zog als Oberst wieder in den Krieg gegen Frankreich. 1816 wurde er ins Kriegsministerium berufen

Grabmal für Job von Witzleben. Aufnahme 2023

und war dort zunächst Chef der Abteilung für persönliche Angelegenheiten. 1817 wurde er dort Leiter des Militärkabinetts, was ihn nahezu täglich in Kontakt mit dem König brachte, mit dem ihn fortan und bis an sein Lebensende ein besonderes Vertrauensverhältnis verband. 1818 erfolgten seine Ernennung zum Generaladjutant Friedrich Wilhelms III. und die Beförderung zum Generalmajor. 1823 erhielt er vom König eine Dotation über 20.000 Taler, womit er weitläufige Ländereien in der Gegend rund um den Lietzensee erwarb, die bald darauf nach ihm benannt wurden und bis heute eine eigene Ortslage innerhalb Charlottenburgs bilden. 1831 wurde er zum Generalleutnant befördert und von 1834 bis kurz vor seinem Tode 1837 fungierte er als Kriegsminister.

Witzleben wurden im Laufe seiner Karriere zahlreiche Orden verliehen, darunter in verschiedenen Klassen der Rote Adlerorden und das Eiserne Kreuz, die er beide gut sichtbar auf dem seinen publizierten Briefen und Schriften beigegebenen Porträt trägt. Außerdem wurde er vielfach durch fremde Nationen ausgezeichnet, so gleich mehrfach durch den russischen Zaren. Nicht erhalten hat er allerdings den *Pour le Mérite*, woran man erkennt, dass dieser Orden keineswegs inflationär vergeben wurde.

Nicht zuletzt auf Wunsch des Königs, der bis in Einzelheiten des Entwurfs eingriff, ist das Witzleben-Grabmal eine fast getreue Wiederholung des gleichfalls von ihm beauftragten und von Schinkel entworfenen Grabmals für den Königlich Preußischen Generalleutnant Karl Leopold von Köckritz (1744–1821), das bereits von 1821 bis 1823 entstanden war und sich im Grabfeld A des Invalidenfriedhofs befand, wo es leider nach 1945 verloren ging.[2] Geradezu identisch ist die Gestaltung des hohen mehrstufigen Sockels, was auch das von Lorbeer umrankte Schwert und die königliche Widmung betrifft: »Sein Andenken ehrend / Friedrich Wilhelm III.« Leichte, bei flüchtigem Blick kaum merkliche Unterschiede finden sich dagegen in der Gestaltung des neugotischen Baldachins, der eine den Siegeskranz emporhaltende Viktoria birgt, die auf einem Modell von Christian Friedrich Tieck basiert. Vier preußische Adler mit ausgebreiteten Schwingen sitzen auf den Spitzen der Wimperge und beschirmen das Grabmal nach allen vier Seiten.

Unbekannter Künstler, Job von Witzleben. Lithographie, in: Job von Witzleben, Mittheilungen desselben und seiner Freunde zur Beurtheilung Preußischer Zustände und wichtiger Zeitfragen, Leipzig 1842, Frontispiz

Grabmal für Job von Witzleben, Viktoria mit Siegeskranz. Aufnahme 2023

Grabmal für Job von Witzleben, Wimperg mit preußischem Adler. Aufnahme 2023

Den Krieg überstand das Grabmal gut, doch irgendwann vor 1984 brach es in sich zusammen, wohl weil einzelne tragende Elemente durchgerostet waren. Immerhin barg man in dem genannten Jahr nun die Fragmente und lagerte sie im Natur- und Grünflächenamt Mitte ein. 1998 erfolgten eine umfassende Restaurierung und die Wiederaufstellung, und zwar im Rahmen der aus Mitteln der Stiftung Deutsche Klassenlotterie Berlin finanzierten großangelegten Restaurierungskampagne. Bedauerlicherweise waren gewichtige Verluste an originaler Substanz zu beklagen, die dann allerdings durch Rekonstruktionen nach historischen Bildvorlagen ausgeglichen werden konnten. Dies betraf eine der seitlichen Gussplatten, viele Einzelteile des Tabernakels samt Giebelschmuck und allen vier Adlern sowie an der Figur der Viktoria nicht allein deren Sockel, sondern auch ihren rechten Arm, den Palmwedel und den Lorbeerkranz. Bei den noch erhaltenen Teilen galt es hingegen vor allem, Brüche und Risse zu verschweißen. Durch den Einbau einer Stahlkonstruktion im Inneren und das Legen eines Fundaments aus Beton wurde die Stabilität des Grabmals langfristig gesichert. Abschließend erhielt das gesamte Grabmal auf der Grundlage eines Farbgutachtens einen Anstrich in dem für die Schinkel-Zeit charakteristischen Grün. 2021 wurde es mit Mitteln des Landesdenkmalamtes Berlin und des Fördervereins Invalidenfriedhof e. V. neuerlich überholt.

Literatur

Treuwerth 1925, S. 30–32, Abb.; Hintze 1937, S. 36, Nr. 46, Abb. S. 4/5, 8/9; Rave 1962, S. 320–322; Demps 1998, S. 139f., Nr. 143; Invalidenfriedhof 2003, S. 65f., Abb. S. 13, 19, 67, 95; Demps/Scheer/Mende 2007, S. 34f., Nr. 43; Gartendenkmale 2008, S. 161 (Jörg Kuhn); Rehberger 2017, S. 64–67. – Zur Person: ADB Bd. 43, 1898, S. 675–677 (Bernhard Poten); Priesdorff Bd. 4, 1937, S. 275ff., Nr. 1324.

1   ADB Bd. 43, 1898, S. 675.
2   Hintze 1937, S. 77f., Nr. 144; Rave 1962, S. 319; Demps 1998, S. 76f., Nr. 24a; Invalidenfriedhof 2003, S. 65; Rehberger 2017, S. 61–64.

GRABMAL FÜR
KARL FRIEDRICH FRIESEN

25. September 1784 Magdeburg – 16. März 1814 La Lobbe (Frankreich)

Gusseiserne Kreuze sind charakteristisch für die Grabmalskunst der Schinkel-Zeit und waren einst auch auf dem Invalidenfriedhof stark verbreitet (siehe Abb. S. 23). Erhalten haben sich dort bis heute allerdings nur im Grabfeld C das Grabkreuz für Karl Friedrich Friesen und das nicht weit entfernt davon stehende und annähernd gleichzeitig entstandene Grabkreuz für Gustav Johann Georg von Rauch (1774–1841), den älteren Bruder Friedrich Wilhelms von Rauch.[1] Zufälligerweise handelt es sich in beiden Fällen auch um Ehrengräber des Landes Berlin.

Karl Friedrich Friesen wuchs in Magdeburg auf und begab sich später nach Berlin, wo er in den Jahren 1801 und 1802 als Schüler an der Bauakademie nachgewiesen ist. 1807/08 war er als Zeichner an der Herstellung von Alexander von Humboldts *Mexikanischem Atlas* beteiligt. Danach wirkte er ab 1808 als Lehrer an der Plamannschen Schule in Berlin. Besonders war ihm an der körperlichen Ertüchtigung der vornehmlich akademischen Jugend gelegen und verband dies mit der Förderung des patriotischen Gedankens. So gründete er 1808 eine Fechtbodengesellschaft und 1811 eine Schwimmschule und beteiligte sich ab 1810 an Friedrich Ludwig Jahns (1778–1852) Turneraktivitäten in der Hasenheide. Zudem gehörte er dem 1810 gegründeten Deutschen Bund an, einem vaterländischen Geheimbund, der das Ziel verfolgte, Preußen von der französischen Fremdherrschaft zu befreien und danach Deutschland zu einen. 1813 schloss er sich als Leutnant dem Lützowschen

Grabmal für Karl Friedrich Friesen. Aufnahme 2023

Unbekannter Künstler, vor 1814 [?], Kreidezeichnung, ehem. Magdeburg, Sanitätsrat Dr. Lange-Friesen

Freikorps an und wurde Adjutant von Ludwig Adolf Wilhelm von Lützow (1782–1834). Während der Kampagne in Frankreich geriet er auf dem Rückzug von Reims in einen Überfall und fiel. Zunächst wurde er auf dem nahegelegenen Friedhof von La Lobbe bestattet, doch 1816 grub sein Freund August von Vietinghoff (1783–1847) die Gebeine wieder aus und trug sie 26 Jahre mit sich von Garnison zu Garnison. Schließlich erwirkte er 1842 bei Friedrich Wilhelm IV. die Genehmigung zu deren Beisetzung auf dem Invalidenfriedhof. Womöglich bezahlte der König auch das Grabkreuz. Die eigentliche Beisetzung erfolgte dann am 15. August 1843. Auf der Vorderseite des Kreuzes wird in vergoldeten Buchstaben der Kern der Geschichte mitgeteilt: »Die Ueberreste desselben wurden auf seinen früheren Wunsch aus Frankreich hierhergeführt und am 15. März 1843 hier bestattet.«

Bereits 1872 fand eine erste Restaurierung des Grabkreuzes statt, zu der auch die Vergoldung der Inschriften zählte und die die Berliner Turnerschaft finanzierte. Sie ließ dies auf der Rückseite vermerken und außerdem eine Inschrift anbringen, die ihre besondere Verehrung für Friesen zum Ausdruck bringt: »Früher als Lehrer ein eifriger Begeisterer der Jugend / zur Befreiung des Vaterlandes vom Feindesjoch, fiel er / als Mitkämpfer unter den Vaterlandsvertheidigern«. 1931/34 wurde das Grabfeld neu eingefasst und gestaltet, wahrscheinlich kam erst damals die dreiseitige Einfassung durch leicht durchhängende Eisenketten hinzu, die an vier niedrigen steinernen Pfosten befestigt waren.[2] Nach 1961 gingen die Einfassung und sogar der Sandsteinsockel, auf dem das Kreuz befestigt war, verloren. Dieses wurde dann sogleich 1990 geborgen und in das Berliner Sportmuseum verbracht,

Grabmal für Karl Friedrich Friesen, Rückseite. Aufnahme 2023

wo seine Restaurierung vorbereitet wurde. Die erforderlichen Maßnahmen umfassten die Ergänzung fehlender Buchstaben in Kupfer und überhaupt eine Neuvergoldung, was die Werkstatt *Metallrestaurierung – Kunstschmiede Georg Ignaszewski* leistete sowie die Rekonstruktion des Sandsteinsockels, die der Bildhauer Carlo Wloch auf der Grundlage historischer Fotografien ausführte. Finanziert wurde all dies aus Mitteln des Instituts für Denkmalpflege. Schon am 17. Mai 1991 konnte das frisch restaurierte Kreuz wieder aufgestellt werden. 2014 erfolgte dann noch die Neugestaltung der Grabfläche mittels einer Umfriedung und durch Efeubepflanzung. Hierfür kamen die Mittel vom Landesdenkmalamt Berlin sowie außerdem vom Förderverein Invalidenfriedhof e. V.

Literatur

Treuwerth 1925, S. 28–30, Abb.; Hintze 1937, S. 34 f., Nr. 44, Abb. S. 12/13; Demps 1998, S. 112 f., Nr. 144a; Invalidenfriedhof 2003, S. 66, 69, Abb. S. 67; Demps/Scheer/Mende 2007, S. 36, Nr. 44a. – Zur Person und ihrem Porträt: ADB Bd. 8, 1878, S. 88 f. (Richard von Meerheimb); Ausst. Kat. Berlin 1936, S. 197; NDB Bd. 5, 1961, S. 613 f. (Marianne Leber).

---

1 Zum Grabmal für Gustav von Rauch: Hintze 1937, S. 29 f., Nr. 36; Demps 1998, S. 126; Demps/Scheer/Mende 2007, S. 29, Nr. 37. Das schwarze Grabkreuz ist außerdem zu erkennen auf Abb. S. 149 in diesem Buch. – Zum Grabmal für Friedrich Wilhelm von Rauch siehe S. 147–151 in diesem Buch.
2 Siehe Demps 2010, Abb. S. 172.

Georg Friedrich Kersting, Die Lützower Jäger Theodor Körner,
Karl Friedrich Friesen und Heinrich Hartmann auf Vorposten, 1815,
Öl auf Leinwand. Staatliche Museen zu Berlin, Alte Nationalgalerie

GRABANLAGE FÜR HERMANN VON BOYEN UND SEINE FAMILIE

23. Juni 1771 Creuzburg i. Ostpr. – 15. Februar 1848 Berlin
Königlich Preußischer Generalfeldmarschall und Kriegsminister

Die 1850 entstandene Grabstätte für Hermann Ludwig Leopold Gottlieb von Boyen liegt im Ehrenhain von Feld C. Zusammen mit dem Grabmal für Gerhard David von Scharnhorst (siehe S. 113–123), auf das sie nicht nur axial bezogen ist, sondern das sie zugleich einrahmt und überhöht, bildet sie ein Ensemble, das geradezu ikonisch für den Berliner Invalidenfriedhof steht. Dazu tragen vor allem die beiden flankierenden Siegessäulen bei, die sich stilistisch eng an die beiden Viktoriasäulen vor dem Neuen Pavillon in Schloss Charlottenburg (um 1840) und die Friedenssäule auf dem Belle-Alliance-Platz (Mehringplatz) anlehnen.[1]

Die Idee dazu hatte König Friedrich Wilhelm IV., wie mehrere Entwurfsskizzen von seiner Hand verraten, die unmittelbar nach v. Boyens Tod entstanden. Er darf damit ohne Abstriche als der Entwerfer von dessen Grabanlage gelten, die er obendrein auch noch finanzierte. Vor allem machen seine Skizzen deutlich, dass es sein Einfall und Wunsch war, die Grabmäler der beiden bedeutendsten Heeresreformer unmittelbar aufeinander zu beziehen.[2] Der kaum noch veränderte Ausführungsentwurf stammte dann von Friedrich August Stüler, und die Modelle für die Siegesgöttinnen schuf Christian Daniel Rauch.

Die Grabstätte wird rückwärtig von einer niedrigen langgestreckten Mauer begrenzt, auf der die Namen der Verstorbenen angebracht sind. Der königliche Entwurf sah an ihren Enden noch Zungenmauern vor, auf die Stüler allerdings ebenso verzichtete wie auf einen mittig platzierten Aufsatz mit Schweifgiebel, der den

Grabanlage für Hermann von Boyen. Aufnahme 2023

Sockel des Scharnhorst-Grabmals unschön überschnitten hätte. Nun bildet die Mauer an ihren Enden Postamente aus, auf denen die beiden Siegessäulen sitzen. Die Säulen bestehen aus kannelierten Schäften in Sandstein, hingegen sind ihre kunstvoll ausgeformten Kapitelle sowie die charakteristischen Viktorien in Bronze ausgeführt. Ein eisernes Gitter fasst das Grabfeld ein, das im Zentrum von Efeu bewachsen ist. Auf der Inschriftenwand sind außer Hermann von Boyen, der natürlich die Mitte einnimmt, links neben ihm seine Ehefrau Amalie (1780–1845) und weiter außen ihre gleichnamige Tochter (1815–1886) sowie auf der rechten Seite sein Sohn Hermann (1811–1886) und dessen Frau Fanny (1815–1888), eine geborene Prinzessin Biron von Kurland, namentlich in Stein gemeißelt.

Der in Ostpreußen gebürtige Hermann von Boyen trat 1784 als Junker in das Infanterie-Regiment von Anhalt (No. 2) ein, wurde jedoch bereits 1786 zum Infanterie-Regiment von Wildau (No. 14) nach Bartenstein versetzt, wo er 1788 zum Sekondeleutnant ernannt wurde. In dieser Zeit besuchte er auch die Militärschule in Königsberg und hörte an der dortigen Universität Vorlesungen bei Immanuel Kant und Christian Jakob Kraus. 1794/95 nahm er während des Kościuszko-Aufstands am Feldzug in Polen teil, 1796 erfolgte sein Eintritt in das Infanterie-Regiment von Hohenlohe (No. 14). In dieser Zeit widmete er sich weiterhin verstärkt dem Studium der Kantschen Ethik, wie er sich überhaupt gerne mit theoretischen Fragen befasste, was ihn zum Verfassen militärischer Denkschriften befähigte und prädestinierte. So war er denn auch ab 1803 Mitglied der Militärischen Gesellschaft um Gerhard von Scharnhorst. Die Schlacht von Auerstedt 1806 erlebte er im Generalstab Herzog Karl Wilhelm Ferdinands von Braunschweig (1735–1806) und wurde darin selbst verwundet. Fortan avancierte er zu einem der zentralen Protagonisten der Preußischen Heeresreform. Ab 1808 war er als Major Mitglied in Scharnhorsts Militär-Reorganisations-Kommission, 1810 wurde er Direktor der ersten Abteilung des Allgemeinen Kriegsdepartements im Kriegsministerium.

Unglücklich über die preußische Loyalität gegenüber Frankreich trat er 1812 zeitweise in russische Dienste, kehrte mit Beginn der Befreiungskriege 1813 aber nach Preußen zurück und wurde Oberst im Generalstab Friedrich Wilhelms von Bülow (1755–1816). Als Generalstabschef des III. Armeekorps nahm er 1813/14 an

François Gérard, Hermann Ludwig Leopold Gottlieb von Boyen, 1818, Öl auf Leinwand. Berlin, Deutsches Historisches Museum, Inv.-Nr. Kg 55/3

Friedrich Wilhelm IV., Entwurfsskizzen für das Grabmal für Hermann von Boyen, 1848, Bleistift auf Velinpapier. Potsdam, SPSG, GK II (12) VI-Ac-3 (Ausschnitt)

Grabanlage für Hermann von Boyen, Säulen mit Viktorien. Aufnahme 2023

den Schlachten bei Groß-Beeren, Dennewitz, Leipzig und Laon teil. 1813 erfolgte seine Beförderung zum Generalmajor, und von 1814 bis 1818 war er preußischer Staats- und Kriegsminister. Der Entwurf des Gesetzes »Über die allgemeine Verpflichtung zum Kriegsdienst« und der Aufbau der Landwehr gehen auf ihn zurück. 1818 noch zum Generalleutnant befördert, schied v. Boyen 1819 aus dem Militärdienst aus und war fortan viele Jahre verstärkt schriftstellerisch tätig.

Nach der Thronbesteigung Friedrich Wilhelms IV. trat er als General der Infanterie in den aktiven Dienst zurück und fungierte von 1841 bis 1847 als Staats- und Kriegsminister. 1842 erhielt er die Ehrenbürgerschaft Berlins, wie denn auch seine Grabstätte heute ein Ehrengrab des Landes Berlin ist. 1847 erfolgte seine Ernennung zum Generalfeldmarschall und Gouverneur des Invalidenhauses. In dieser Zeit befasste er sich verstärkt mit der Errichtung einer Festung im ostpreußischen Lötzen (Giżycko), die seit ihrer Fertigstellung 1755 zu seinen Ehren Feste Boyen genannt wird.

Für seine Leistungen wurden Boyen zahlreiche Orden verliehen, darunter 1813 das Eiserne Kreuz I. Klasse, 1814 der *Pour le Mérite* mit Eichenlaub und 1815 der Rote Adlerorden I. Klasse mit Eichenlaub. Man erkennt diese auch auf seinem Porträt, das der französische Maler François Gérard von ihm während des Kongresses zu Aachen im Herbst 1818 malte.[3]

Seine Grabanlage wurde gegen Kriegsende 1945 zwar beschädigt, blieb jedoch in ihren wesentlichen Bestandteilen intakt. Erst 1952 erfolgten die Demontage der Säulen mit den beiden kostbaren Viktorien und die Entfernung des Einfassungsgitters, die seitdem allesamt nicht wieder aufgetaucht sind. 1972 wurde schließlich noch die Inschriftenwand beiseite geräumt, verblieb jedoch immerhin auf dem Friedhof, so dass sie als erste Instandsetzungsmaßnahme 1993 wieder an ihren alten Platz zurückversetzt werden konnte. Ab 1995 erfolgten dann – unter denkmalfachlicher Leitung und auf persönliche Veranlassung von Dr. Klaus-Henning von Krosigk, dem dies ein ganz besonderer und langgehegter Wusch war – eine umfassende Restaurierung und vollständige Wiederherstellung dieser Grabanlage. Die ganz erheblichen Kosten wurden vornehmlich aus Mitteln der Stiftung Deutsche Klassenlotterie Berlin, des Landesdenkmalamtes Berlin und des Fördervereins

Grabanlage für Hermann von Boyen, Viktoria auf korinthischem Kapitell. Aufnahme 2023

Grabanlage für Hermann von Boyen, Inschriftenwand. Aufnahme 2023

Invalidenfriedhof bestritten. Nach sorgfältiger Abwägung und unter Einbeziehung von externen Kunsthistorikern hatte sich v. Krosigk für die Rekonstruktion der beiden Siegessäulen entschieden, da allein so die volle historische und künstlerische Aussage dieses für den Invalidenfriedhof so bedeutenden Grabmals wiedergewonnen werden konnte. Die Herstellung der Säulenschäfte besorgten die Steinrestauratoren und Bildhauer Burkhard Bluhm und Stefan Schötschel, während der noch sehr der Rauch-Schule des 19. Jhs. verbundene Bildhauer Harald Haacke (1924–2004) nach fotografischen Vorlagen die Modelle für ihre Kapitelle und beide Viktorien schuf, die dann von der im Bronzeguss besonders erfahrenen Firma Haber & Brandner in Bronze gegossen wurden. Mit der Aufstellung der rekonstruierten Säulen im Juni 2003 war die Wiederherstellung der Grabstätte abgeschlossen. Zuvor waren außerdem das Einfassungsgitter rekonstruiert und die Inschriftenwand umfassend gereinigt worden. Hinzu kamen außerdem an die Stelle der alten Stümpfe, die gerodet wurden, zwei Weißdornbäume.

Literatur

Treuwerth 1925, S. 26–28, Abb.; Hintze 1937, S. 27f., Nr. 33, Abb. S. 4/5; Demps 1998, S. 107f., Nr. 150; Invalidenfriedhof 2003, S. 70–73, Abb. S. 21, 71; Demps/Scheer/Mende 2007, S. 18f., Nr. 23; Gartendenkmale 2008, S. 159 (Jörg Kuhn). – Zur Person: ADB Bd. 3, 1876, S. 219–222 (Maximilian Jähns); Meinecke 1896/1899; Priesdorff Bd. 5, 1938, S. 27–43, Nr. 1416; NDB Bd. 2, 1955, S. 495–498 (Franz Schnabel).

---

1 Vgl. Simson 1996, S. 373–380, Kat. Nr. 245, 246.
2 Jörg Meiner, Inventar-Nr. GK II (12) VI-Ac-3, in: Zeichnungen König Friedrich Wilhelms IV. von Preußen, Stiftung Preußische Schlösser und Gärten Berlin-Brandenburg, Potsdam 01.04.2011, http://bestandskataloge.spsg.de/FWIV/150058.
3 Joseph Karl Stieler malte außerdem ein Altersporträt v. Boyens, das sich ebenfalls im Deutschen Historischen Museum in Berlin befindet und aus derselben Quelle stammt (Inv.-Nr. Kg 54/60).

GRABANLAGE FÜR FRIEDRICH WILHELM VON RAUCH UND SEINE FAMILIE

15. März 1790 Potsdam – 9. Juni 1850 Berlin

Königlich Preußischer Generalleutnant und Generaladjutant Friedrich Wilhelms IV.

Die 1850 entstandene Grabstätte für Friedrich Wilhelm von Rauch und seine Familie beruht auf einem Entwurf Friedrich August Stülers, dem nach Schinkels Tod renommiertesten Architekten in Brandenburg-Preußen und bevorzugten Baumeister des Hofes. Sie liegt im Herzen des Grabfeldes C und zeichnet durch ihre auffallende Erscheinung zusammen mit den Grabmälern für v. Witzleben, v. Scharnhorst und v. Boyen bis heute den Ehrenhain des Invalidenfriedenhofs aus.

In Auftrag gegeben wurde das Grabmal von Friedrich Wilhelm IV., der mit v. Rauchs Tod seinen allerengsten Vertrauten verlor. Davon kündet die schlichte Marmortafel mit vergoldeten Buchstaben, die in wirkungsvollem Kontrast zum hellgelben Anstrich der Architektur steht, in die sie eingelassen ist: »Dem treuen Freunde und tapfern Krieger. FRIEDRICH WILHELM IV. 1850.« Gottlieb Rahns 1854 erschienener Bericht über die feierlich Grundsteinlegung zur Invalidensäule, die am 18. Juni 1850 – und damit nur eine gute Woche nach v. Rauchs Tod – unter Anwesenheit des Königspaares stattfand, unterstreicht diese besondere menschliche Beziehung nachdrücklich: »Hierauf begaben sich Ihre Majestäten nach der Stelle des Invaliden-Kirchhofes, wo wenige Tage vorher einer der getreuesten Diener des Königs, der wackere General v. Rauch, bestattet worden und legten in überaus sinniger Weise zwei eigens von Potsdam mitgebrachte schöne Rosenkränze auf den Grabhügel nieder. Daß diese Handlung Königlicher Pietät Freude und Rührung unter der zahlreichen Umgebung des Königlichen Paares verbreitete, braucht wohl kaum versichert zu werden.«[1]

Grabanlage für Friedrich Wilhelm von Rauch. Aufnahme 2023

Johann Heusinger, Friedrich Wilhelm von Rauch, 1815, Mischtechnik auf Elfenbein. Privatbesitz

Johann Heusinger, Laurette von Rauch, 1812, Mischtechnik auf Papier. Privatbesitz

Friedrich Wilhelm von Rauch war zunächst ab 1803 Schüler an der Potsdamer Ingenieurakademie, wechselte dann jedoch 1804 als Gefreiterkorporal in das berühmte Regiment Garde, dem beispielsweise auch viele Jahrzehnte Friedrich Wilhelm von Rohdich angehört hatte (siehe S. 93–97). 1812 wurde er Adjutant beim Kommandeur der Garde-Brigade und nahm hier als Premierleutnant an den Befreiungskriegen teil. Nach der Schlacht bei Großgörschen erhielt er das Eiserne Kreuz II. Klasse, nach der Völkerschlacht bei Leipzig dasjenige I. Klasse. Beide Auszeichnungen trägt er auch auf dem 1815 entstandenen Miniaturporträt, das ihn als Bräutigam darstellt. Bei dem weiß emaillierten Malteserkreuz könnte es sich um den badischen Militär-Karl-Friedrich-Verdienstorden handeln, den er ebenfalls 1813

Grabanlage für Friedrich Wilhelm von Rauch. Aufnahme 2023

verliehen bekam. Auch nach dem Wiener Kongress setzte er seine militärische Karriere fort und avancierte 1821 zum Major. 1829 wurde er Flügeladjutant Friedrich Wilhelms III. und gleichzeitig ab 1833 im Rang eines Oberstleutnants preußischer Militärbevollmächtigter am Hof des russischen Zaren in Sankt Petersburg. Beide Positionen behielt er auch unter Friedrich Wilhelm IV., der ihn 1848 zum Generalleutnant beförderte.

Seine Grabstätte fällt nicht nur aufgrund ihres hellgelben Anstrichs ins Auge, sondern vor allem durch die hoch aufragende Ädikula, die auf dem mittleren Segment der dreiteiligen Sockelmauer sitzt, welche die Anlage nach hinten zu abschirmt. Dabei wurde die Mauer an dieser Stelle durch einen Vorsprung verstärkt,

Grabanlage für Friedrich Wilhelm von Rauch, Cherub als Bekrönung der Ädikula. Aufnahme 2023

der nicht nur Platz für die erwähnte Inschriftentafel bietet, sondern vor allem das Postament für die beiden toskanischen Säulen bildet, die zusammen mit den ihnen hinterlegten Pfeilern gleicher Ordnung die Bogenkonstruktion tragen. Diese bildet aufgrund ihrer Tiefe im Inneren ein schmales kassettiertes Gewölbe aus, während sie nach oben zu in einem Dreiecksgiebel ausläuft, der auf beiden Seiten von einem Cherub bekrönt ist. Heute birgt die Nische ein weißes Marmorkreuz für den Verstorbenen, ursprünglich soll allerdings eine Figur darin aufgestellt gewesen sein.[2] Hohe Eckpfeiler geben der Sockelmauer an ihren äußeren Enden optischen Halt und bilden zugleich den Ausgangspunkt für das in Eisen ausgeführte Gitter, das das Grabfeld auf den übrigen drei Seiten umschließt.

Die Restaurierung der Grabstätte erfolgte 1998 im Rahmen der großzügigen Finanzierung durch die Stiftung Deutsche Klassenlotterie Berlin. Sockelmauer und Ädula waren noch weitgehend intakt, sie mussten vor allem gereinigt und mit einem neuen Anstrich versehen werden, der der originalen Farbfassung entspricht. Dafür war der Steinrestaurator Roland Luchmann verantwortlich, während der Metallrestaurator Bernd M. Helmich das in Gänze verlorene Grabgitter auf Grundlage historischer Fotos rekonstruierte.

Grabanlage für Friedrich Wilhelm von Rauch. Aufnahme 1991

Innerhalb der Grabstätte sind neben Friedrich Wilhelm von Rauch auch seine Gemahlin Laurette (1780–1845) und seine Tochter Amelie von Rauch (1825–1850) bestattet, die eigene Grabkreuze erhielten. Weitere derartige Kreuze stehen in zwei Reihen unmittelbar vor dem Grabgitter und deuten ihre Zugehörigkeit zu der eigentlichen Grabanlage an, die somit zu einem regelrechten Erbbegräbnis erweitert ist. Hier ruhen v. Rauchs Sohn Alfred von Rauch (1824–1900) samt Gemahlin und Sohn sowie in der Reihe davor Nachfahren seines Bruders Gustav von Rauch (1774–1841), der selbst wiederum durch ein nicht weit entfernt hinter der Grabstätte gelegenes gusseisernes Kreuz geehrt wird. Im Jahr 2021 ist das Ensemble mit seinen neun Grabkreuzen mit einer Spende des Vereinsmitglieds Bodo Krevet saniert worden.

Literatur

Treuwerth 1925, S. 28; Hintze 1937, S. 23, Nr. 21, Abb. S. 4/5; Börsch-Supan/Müller-Stüler 1997, S. 973, Kat. Nr. D 11; Demps 1998, S. 124–127, Nr. 118; Invalidenfriedhof 2003, S. 74–76, Abb. S. 4, 75; Demps/Scheer/Mende 2007, S. 25f., Nr. 33. – Zu den Personen und ihren Porträts: Priesdorff Bd. 6, 1938, S. 30–33, Nr. 1672; Heusinger 2019, S. 200f., Nr. C34, C35.

1 Rahn 1854, S. 22.
2 Börsch-Supan/Müller-Stüler 1997, S. 973.

GRABMAL FÜR HANS KARL VON WINTERFELD

4. April 1707 Vanselow – 8. September 1757 Moys
Königlich Preußischer Generalleutnant

Eine Besonderheit stellt das im Grabfeld C gelegene Grabmal für Hans Karl von Winterfeld dar, wurde es doch erst etwa einhundert Jahre nach seinem Tod an dieser Stelle errichtet. Auf der rechten Seitenwand des Postaments sind die näheren Umstände seiner Bestattung erläutert: »Die Ueberreste des Helden / wurden zuerst in Pilgramsdorf / bei Lüben in Schlesien beigesetzt / und am 7. September 1857 / hierher geführt, um unter diesem, / von seinem Geschlechte / gestifteten Denkmal weiter / zu ruhen.« Später ließen sich weitere Angehörige der Familie v. Winterfeld in unmittelbarer Nähe ihres berühmten Familienmitglieds bestatten.[1]

Hans Karl von Winterfeld trat 1721 in Königsberg als Estandartenjunker in das Kürassierregiment von Winterfeldt (No. 12), wurde 1722/23 aber zum Regiment des Königs nach Potsdam (No. 6) versetzt. 1723 avancierte er zum Sekondeleutnant. 1734/35 begleitete er Kronprinz Friedrich während des Feldzugs am Rhein. Mit dessen Thronbesteigung 1740 wurde er zum Major befördert und übernahm die Aufgabe eines Flügeladjutanten des Königs, was von einem besonderen Vertrauensverhältnis zeugt. 1741 wurde er für zwei diplomatische Missionen nach Sankt Petersburg eingesetzt, 1744 reiste er mit politischem Auftrag nach Dresden. An den beiden Schlesischen Kriegen von 1740–1742 und 1744/45 nahm er umfassend und oft in herausragender Stellung teil, darunter an den Schlachten und Gefechten bei Mollwitz (1741), Reich-Hennersdorf, Hohenfriedberg und Katholisch Hennersdorf (alle 1745), und wurde dabei auch mehrfach verwundet. Anfang Mai 1745 gelang es

Grabmal für Hans Karl von Winterfeld. Aufnahme 2023

Antoine Pesne, Hans Karl von Winterfeld, um 1756, Öl auf Leinwand. Als Leihgabe der Familie im Kulturhistorischen Museum Dominikanerkloster Prenzlau

ihm, »eine Abteilung Kroaten, die das Hirschberger Magazin fortführen wollten, zu überfallen und trotz verzweifelter Gegenwehr zu überwältigen«,[2] was ihm den *Pour le Mérite* einbrachte. Es überrascht, dass er den Orden auf seinem Porträt, das Antoine Pesne später von ihm malen sollte und sich bis heute im Besitz der Familie befindet, nicht angelegt hat. Er erwies sich als umsichtiger und dennoch entscheidungsfreudiger, als tapferer und erfolgreicher Kommandant und stieg folgerichtig bis 1745 zum Generalmajor auf. In dem nunmehr folgenden Friedensjahrzehnt war er mit der Inspektion der Husaren befasst, vor

Grabmal für Hans Karl von Winterfeld, Porträtmedaillon. Aufnahme 2023

allem jedoch mit der Ausarbeitung von Plänen angesichts des zu erwartenden nächsten Kriegs, der dann auch 1756 ausbrach. Noch vor Kriegsbeginn erfolgte seine Beförderung zum Generalleutnant und Chef des Infanterie-Regiments v. Hake (No. 1), und am 28. Mai 1756 wurde er mit dem Schwarzen Adlerorden ausgezeichnet, dessen Schärpe auf besagtem Porträt nun dargestellt ist. Etwa ein Jahr später, am 6. Mai 1757, wurde er in der Schlacht bei Prag verwundet. Die am 7. September 1757 in der Schlacht von Moys – ein Dorf auf der anderen Neißeseite gegenüber Görlitz – erlittenen Verletzungen waren so schwerwiegend, dass er ihnen am nächsten Tag erlag. Er wurde daraufhin, wie gesagt, auf seinem Besitz in Pilgramsdorf bei Lüben in Schlesien bestattet.

Es sind Worte Friedrichs des Großen überliefert, die dessen besondere Wertschätzung für v. Winterfeld beredt zum Ausdruck bringen und deshalb auch auf der Rückseite seines Grabmals auf dem Invalidenfriedhof angebracht wurden. So ist auf der Rückseite des Sockels in goldenen Lettern zu lesen: »Er war ein guter Mensch, ein Seelenmensch, / ER WAR MEIN FREUND«. Und auf dem Schild der Viktoria steht geschrieben: »Gegen die Menge / meiner Feinde hoffe ich / noch Rettungsmittel / zu finden, aber einen / WINTERFELD / finde ich nicht / wieder.« Und schon bald nach seinem Tod erfuhr v. Winterfeld besondere Ehrungen: So durch einen monumentalen Gedenkstein auf dem Schlachtfeld von Moys,[3] der dort wohl

Grabmal für Hans Karl von Winterfeld, Rückseite. Aufnahme 2023

Grabmal für Hans Karl von Winterfeld, Relief mit einer Viktoria. Aufnahme 2023

nach 1945 verlorenging, oder durch sein Standbild in Marmor, das die Gebrüder Johann David und Johann Lorenz Wilhelm Räntz 1777 für den Berliner Wilhelmplatz schufen.[4]

Auch sein Berliner Grabmal erfüllt die Funktion eines Denkmals. In der Kombination aus hohem Unterbau und darauf platzierten Kriegstrophäen lehnt es sich an das Grabmal für Michael Ludwig von Diezelsky im Grabfeld A an (siehe S. 83–85), obwohl dieses achtzig Jahre älter und noch dem ausgehenden Barock verpflichtet ist. Doch gerade an diese Epoche, deren Kind v. Winterfeld war, sucht sein Grabmal stilistisch den Anschluss und nicht etwa an den jüngeren preußischen Klassizismus der in Sichtweite befindlichen Grabmäler Scharnhorsts, Boyens und Rauchs. Hinzu kommt, dass sich in der Zeit seiner Entstehung allgemein eine Hinwendung zu Formen des Barock und Rokoko in Architektur und Angewandter Kunst beobachten lässt. Nur für das Einfassungsgitter wurde einfach Schinkels Entwurf für das Gitter am Scharnhorst-Grabmal wiederholt, wodurch der an sich schon eklektische Charakter des Grabmals zusätzlich gesteigert wird.

Der aus rötlichem Granit gefertigte hohe Unterbau des Grabmals ist unterteilt in einen mehrfach gestuften Sockel sowie ein darauf ruhendes Postament, in dessen Flächen auf allen vier Seiten Inschriften eingemeißelt sind. Zudem ist auf der Vorderseite des Postaments ein nahezu vollplastisch gearbeitetes bronzenes Reliefmedaillon eingelassen, das die lebensecht wirkende Büste Hans Karl von Winterfelds enthält, während die Rückseite nahezu in Gänze von einem ebenfalls in Bronze gegossenen Relief ausgefüllt ist, das eine schildhaltende Viktoria darstellt. Beherrscht wird das Grabmal allerdings von den Trophäen und Waffen, die oben auf dem Postament zu einem eindrucksvollen und weithin sichtbaren Aufsatz arrangiert wurden. Während dessen vordere Ansicht von einem reichverzierten Brustpanzer und einem adlerbekrönten Prunkhelm mit Federbusch beherrscht wird, ist auf der Rückseite eine Fahne mit dem preußischen Adler herabgelassen worden.

Es ist nicht überliefert, wer den Gesamtentwurf für das Grabmal lieferte. Sämtliche Bronzearbeiten dürften hingegen auf Modellen basieren, die Heinrich von Ledebur (1832–1912) geschaffen hatte. Zumindest das Relief der Vikoria ist unten rechts signiert und in das Jahr 1859 datiert. Damals stand v. Ledebur noch am Anfang seiner militärischen Laufbahn, in der er schließlich bis zum Königlich Preußischen Generalleutnant aufstieg. Nebenher widmete er sich der Zeichenkunst und der Bildhauerei. Nach seinem Tod wurde er übrigens ebenfalls auf dem

Invalidenfriedhof bestattet, und zwar in Grabfeld A, wo neuerdings ein Kissenstein an ihn erinnert.[5]

Das Grabmal für Hans Karl von Winterfeld überstand die Jahrzehnte der deutschen Teilung trotz seiner unmittelbaren Nähe zu den Grenzanlagen leidlich (siehe Abb. S. 27) und wurde bereits 1995 im Auftrag und mit Mitteln des von Winterfeld(t)schen Familienverbands e. V. umfassend instandgesetzt. Die Reinigung und Konservierung des Sockels übernahm dabei der Bildhauer Carlo Wloch, während die Bildgießerei Seiler GmbH die Restaurierung und Ergänzung des Einfassungsgitters ausführte.

Literatur

Treuwerth 1925, S. 38 f., Abb.; Hintze 1937, S. 41 f., Nr. 54, Abb. S. 18/19; Demps 1998, S. 137 f., Nr. 153; Invalidenfriedhof 2003, S. 60–62, Abb. S. 61; Demps/Scheer/Mende 2007, S. 38, Nr. 46. – Zur Person und ihrem Porträt: Volz 1907; Priesdorff Bd. 1, 1937, S. 330–334, Nr. 352; Berckenhagen 1958, S. 188, Kat. Nr. 335.

1 Demps 1998, S. 136–138, Nr. 153a.
2 Volz 1907, S. 158.
3 Ebd., S. 167, Abb.
4 Das Marmorstandbild befindet sich seit 1904 im Bode-Museum, nachdem es auf dem Platz schon 1862 durch eine Ausführung in Bronze von August Kiß ersetzt worden war. Diese wiederum steht seit 2009 auf dem angrenzenden Zietenplatz.
5 Scheer/Jung 2016, S. 23 f.

GRABSTÄTTE FÜR
DIETRICH GRAF VON HÜLSEN-HAESELER
GEORG GRAF VON HÜLSEN-HAESELER

13. Februar 1852 – 14. November 1908
Königlich Preußischer General der Infanterie

15. Juli 1858 – 21. Juni 1922
Generalintendant der Königlichen Schauspiele

Mit ihrem kunstvoll bearbeiteten Einfassungsgitter, das von geschmiedeten Ranken des Ilex aquifolium, der europäischen Stechpalme, eng durchzogen ist, stellt die wohl 1908/09 angelegte Grabstätte der Grafen von Hülsen-Haeseler eine Kuriosität auf dem Invalidenfriedhof dar. Die naturalistisch gearbeiteten Äste, fruchtenden Zweige, Blätter und Wurzeln des auch unter dem Begriff Hülse bekannten Strauchs sind eine offensichtliche Anspielung auf den Namen der Bestatteten, deren Familienwappen seit Alters her ebenfalls drei Stechpalmenblätter aufweist.

Dietrich Graf von Hülsen-Haeseler trat 1869 als Grenadier in das Kaiser Alexander Garde-Grenadier-Regiment Nr. 1 in Berlin ein. Von 1876 bis 1879 gehörte er der Preußischen Kriegsakademie an, von 1880 bis 1884 dem Großen Generalstab, wo er vor allem mit Vermessungsarbeiten befasst war, und danach bis 1889 weiteren Generalstäben. 1889, inzwischen längst zum Major aufgestiegen, wurde er diensttuender Flügeladjutant Kaiser Wilhelms II. und 1890 zum Militärkabinett abkommandiert. 1894 ging er im Rang eines Oberstleutnants als Militärattaché nach Wien, 1897 kam er zurück nach Berlin und wurde Kommandeur des Garde-Füsilier-Regiments, ehe er 1899 zum Chef des Generalstabs des Gardekorps ernannt wurde. Im selben Jahr wurde er außerdem zum Generalmajor befördert. 1901 wurde er Vortragender Generaladjutant des Kaisers und Königs und Chef des Militärkabinetts, 1902 Generalleutnant und 1906 General der Infanterie. Seine beispiellose Karriere

Grabstätte der Familie Hülsen-Haeseler. Aufnahme 2023

Georg Graf von Hülsen-Haeseler.
Aufnahme um 1903

Dietrich Graf von Hülsen-Haeseler.
Aufnahme um 1908

endete 1908 abrupt und skandalbehaftet, als er während der Silberhochzeit Fürst Max Egons II. zu Fürstenberg in Donaueschingen in dem Moment einen tödlichen Herzinfarkt erlitt, als er vor dem Kaiser im Kleid einer Ballerina einen Tanz aufführte.

Auch Dietrichs jüngerer Bruder Georg trat als Grenadier in das Kaiser Alexander Garde-Grenadier-Regiment Nr. 1 in Berlin ein und verfolgte bis 1893 eine militärische Laufbahn. So war er ab 1889 im Generalstab und als persönlicher Adjutant des Kriegsministers tätig. 1893/94 schied er jedoch aus der Armee aus und wurde Intendant der Königlichen Schauspiele in Wiesbaden, wo gerade das neue Hoftheater seiner Vollendung entgegenging. Diese Position konnte nur erlangen, wer in einem besonderen Vertrauensverhältnis zu Wilhelm II. stand, der das Wiesbadener Theater großzügig förderte. Mit diesem an sich ungewöhnlichen Wechsel des Metiers trat Georg Graf von Hülsen-Haeseler in die Fußstapfen seines Vaters Botho von Hülsen (1815–1886), der ebenfalls 1851 aus der Armee ausgeschieden war, um

Grabstätte der Familie Hülsen-Haeseler.
Aufnahme 2023

Generalintendant der Königlichen Schauspiele in Berlin zu werden – eine Position, die dann wiederum von 1903 bis 1918 auch sein Sohn einnahm. Auch der Vater Botho von Hülsen war schon auf dem Invalidenfriedhof bestattet worden, wobei sich sein Grab nicht erhalten hat.[1]

1974 wurde die Grabstätte der Söhne im Zuge der Errichtung der Hinterlandmauer, die noch heute direkt hinter ihr verläuft, in Gänze abgeräumt. Dies erklärt, weshalb sie sich heute, nach ihrer Wiederherstellung, völlig isoliert an dieser scheinbar abgelegenen Stelle des Friedhofs im Feld B befindet. Das prächtige Einfassungsgitter war damals jedoch geborgen und 1987 als Trenngitter in eine Gaststätte im neuerrichteten Nicolaiviertel eingebaut worden. Die Kenntnis von dessen Existenz war denn auch der entscheidende Impuls und die Rechtfertigung für die schließlich 1998 mit Mitteln der Stiftung Deutsche Klassenlotterie Berlin erfolgte Wiederherstellung der Grabstätte. Vor seiner Rückkehr auf den Invalidenfriedhof wurde das Gitter in der Werkstatt Ernst Freyer & Sohn umfassend restauriert, wobei verlorene Teile, darunter die zweiflügelige Eingangstür, nachgeschmiedet wurden. Ebenfalls neu geschaffen sind die in Granit gearbeiteten Einfassungsschwellen, in die das Gitter eingelassen ist.

Ursprünglich wies die Grabstätte drei Kreuze aus Schwarz-Schwedisch auf. Davon wurde nur eines durch die Werkstätten *Das Grabmal, Hartmut Breuer* rekonstruiert, nämlich dasjenige für Georg Graf von Hülsen-Haeseler, nicht jedoch die anderen beiden für seinen Bruder Dietrich und dessen Gemahlin Hildegard geb. v. Lucadou (1875–1941). Das Gedächtnis an sie wird heute stattdessen durch zwei Erinnerungssteine in schwarzem Granit gewährleistet.

Literatur

Treuwerth 1925, S. 54; Hintze 1937, S. 62f., Nr. 105; Demps 1998, S. 97f.; Invalidenfriedhof 2003, S. 52, Abb. S. 53; Demps/Scheer/Mende 2007, S. 59–61, Nr. 78, 79. – Zu Georg Graf von Hülsen-Haeseler: NDB Bd. 9, 1972, S. 738f. (Hans Knudsen).

---

1 Zum Grabmal für Botho von Hülsen: Treuwerth 1925, S. 55; Hintze 1937, S. 63, Nr. 106; Demps 1998, S. 98.

Detail des Grabgitters mit Stechpalmenzweigen. Aufnahme 2023

GRABSTÄTTE FÜR DIE SCHWESTERN DES AUGUSTA-HOSPITALS

Im Jahr 1886 erwarb Kaiserin Augusta direkt an der Friedhofsmauer im Grabfeld B eine Grabstätte für die Schwestern des nach ihr benannten Augusta-Hospitals. Sie verband damit den Wusch, »dass die Schwestern auch in ihrer ewigen Ruhe vereint sein sollen, wie sie im Leben vereint waren in ernster Arbeit.«[1] Noch als Königin hatte sie das Protektorat über den 1866 gegründeten Frauen-Lazareth-Verein übernommen und sich beim Kriegsministerium dafür verwendet, dass dem Verein 1869 ein geeignetes Grundstück für die »Begründung einer dem Baracken-system entsprechenden Krankenanstalt«[2] zugewiesen wurde. So entstand noch im selben Jahr im nördlichen Teil des Invalidenparks direkt gegenüber dem Friedhof der Neubau des Augusta-Hospitals, das sich nicht nur der Krankenpflege, sondern auch der Schwesternausbildung widmete, wobei anfänglich der Großteil der Schwestern aus adligen Familien stammte. Eine hochgeachtete Persönlichkeit war die langjährige Oberin Ida von Arnim (1832–1904), die aus Ostpreußen stammte und 1875 in das Augusta-Hospital eintrat, wo sie noch im selben Jahr als Oberin eingesegnet wurde.[3] In ihrer Amtszeit erwarb sich das Krankenhaus einen ausgezeichneten Ruf. Noch vor Beginn des Ersten Weltkriegs wurde 1913 ein Erweiterungsbau in neubarocken Stil eingeweiht, der allein die Zerstörungen und Umbrüche des Zweiten Weltkriegs überstand und heute von der KARL STORZ SE & Co. KG als Schulungszentrum genutzt wird.

Schon 1946 musste die Schwesternschaft das von ihr begründete Haus verlassen, noch ehe das Krankenhaus 1951 der Humboldt-Universität übertragen wurde. Immerhin fanden sich Personen, die weiterhin ihre Grabanlage pflegten, ehe diese 1973 gänzlich abgeräumt wurde. 1990 waren davon keinerlei Spuren mehr vorhanden. So handelt es sich bei der heutigen Grabstätte um eine Nachschöpfung, die auch vom

Grabstätte für die Schwestern des Augusta-Hospitals. Aufnahme 2023

Ida von Arnim, Oberin des Augusta-Hospitals von 1875 bis 1904. Aufnahme um 1890

Landesdenkmalamt Berlin gegenüber den ansonsten bevorzugten Erinnerungssteinen entschieden befürwortet wurde. Da kein Foto der ursprüngliche Anlage überliefert ist, kam der Erinnerung von Zeitzeugen eine wichtige Rolle zu, die die Anlage noch persönlich gesehen hatten – allen voran Ingrid von Staudy, der die Wiederherstellung der Begräbnisstätte eine Herzensangelegenheit war, die sie energisch verfocht.

Sie schreibt: »Ich erinnere mich noch gut daran, wie die Schwestern-Begräbnisstätte einstmals ausgesehen hat, nicht nur ihrer Einzigartigkeit wegen, sondern auch wegen ihrer besonderen Schönheit. Sie war umgeben von einem kunstvoll gestalteten Eisengitter, überragt von einem schlichten, weißen Marmorkreuz, das Luise Borsig gestiftet hatte. Auf grauen liegenden Granitsteinen waren die Namen der dort ruhenden Schwestern eingemeißelt. Blumen, Sträucher und Efeu schmückten das Gräberfeld.«[4]

So entstand im Jahr 1998 die heutige Anlage, um das Andenken an die Schwestern künftig wieder durch eine schlichte und dennoch würdige Ruhestätte zu gewährleisten. Möglich wurde dies durch die Initiative mehrerer Geldgeber: So sammelte Ingrid von Staudy private Spenden ein, die durch Mittel des Fördervereins Invalidenfriedhof Berlin e.V., des Landesdenkmalamtes Berlin und des von Rohdich'schen Legatenfonds ergänzt wurden.

Die Arbeiten in Stein, zu denen neben der Grabeinfassung und den Grabplatten an erster Stelle das in weißem Marmor geschaffene Kreuz zählt, führte der Bildhauer Matthias Richter aus. Auf dem Kreuz findet sich das Bibelzitat (Römer 12,12), das den Schwestern von Kaiserin Augusta als Leitspruch mitgegeben und als solches auch in der Krankenhauskapelle angebracht war: »SEID FRÖHLICH IN HOFFNUNG /

GEDULDIG IN TRÜBSAL / HALTET AN AM GEBET«.⁵ Und auf dem Sockel, der das Kreuz trägt, wurde eine Widmungsinschrift angebracht: »GEDENKEN / AN DIE / SCHWESTERN DES / AUGUSTA HOSPITALS / WIEDERERRICHTET 1998 / IM JAHR DES / 250JÄHRIGEN BESTEHENS DES / INVALIDENFRIEDHOFS«.

Auf einer großen und einer kleinen Grabplatte, die flach auf der ansonsten von Efeu bedeckten Grabfläche liegen, sind die Namen und Lebensdaten derjenigen Schwestern verzeichnet, die sich dank der Nachforschungen von Ingrid von Staudy noch ermitteln ließen. Die linke kleine Platte erinnert an das Ehepaar Prof. Dr. Otto Hoetzsch (1876–1946) und Cornelie Hoetzsch (1879–1945), die ebenfalls hier bestattet wurden, war doch Cornelie Hoetzsch als langjähriges Vorstandsmitglied der Schwesternschaft *Märkisches Haus für Krankenpflege* dem Augusta-Hospital eng verbunden.⁶

Eingang des ehemaligen Augusta-Hospitals an der Scharnhorststraße. Aufnahme 2023

Literatur

Treuwerth 1925, S. 12; Hintze 1937, S. 66, Nr. 114; Invalidenfriedhof 2003, S. 52, 54; Demps/Scheer/Mende 2007, S. 61 f., Nr. 81; Demps 2010, S. 97–104, 171 f.; Krosigk 2018, S. 243. – Zu den Personen: Esse 1873; Staudy 1999a; Staudy 1999b.

1   Staudy 1999b, S. 1.
2   Esse 1873, S. 9.
3   Staudy 1999b, S. 11–14.
4   Ebd., S. 4.
5   Ebd., S. 6.
6   Staudy 1999b, S. 37–39; Demps/Scheer/Mende 2007, S. 62 f., Nr. 81.

LITERATURVERZEICHNIS

ADB 1875–1912
Allgemeine Deutsche Biographie, auf Veranlassung und mit Unterstützung seiner Majestät des Königs von Bayern Maximilian II. hrsg. durch die Historische Commission bei der Königl. Akademie der Wissenschaften, 56 Bde., Leipzig 1875–1912.

Ausst. Kat. Berlin 1936
Große Deutsche in Bildnissen ihrer Zeit, Ausstellung aus Anlaß der XI. Olympischen Spiele, hrsg. von den Staatliche Museen – Nationalgalerie, Ausst. Berlin, ehemaliges Kronprinzenpalais, Kat. Berlin 1936.

Ausst. Kat. Berlin 1981
Karl Friedrich Schinkel. Architektur, Malerei, Kunstgewerbe, hrsg. von der Verwaltung der Staatlichen Schlösser und Gärten und der Nationalgalerie Berlin Staatliche Museen Preußischer Kulturbesitz, bearb. von Helmut Börsch-Supan und Lucius Grisebach, Ausst. Berlin, Orangerie des Schlosses Charlottenburg, Kat. Berlin (West) 1981.

Ausst. Kat. Hamburg 1982
Karl Friedrich Schinkel. Eine Ausstellung aus der Deutschen Demokratischen Republik, hrsg. von der Bauakademie der DDR, Institut für Städtebau und Architektur, Ausst. Hamburg, Hamburger Kunsthalle, Kat. Berlin (Ost) 1982.

Ausst. Kat. Rheinsberg 2002
Prinz Heinrich von Preußen. Ein Europäer in Rheinsberg, hrsg. von der Generaldirektion der Stiftung Preußische Schlösser und Gärten Berlin-Brandenburg, Ausst. Rheinsberg, Schloss Rheinsberg, Kat. Berlin/München 2002.

Berckenhagen 1958
Ekhart Berkenhagen, Pierre du Colombier, Margarete Kühn und Georg Poensgen, Antoine Pesne, Berlin (West) 1958.

Beiträge 1998
Beiträge auf dem Kolloquium des Fördervereins Invalidenfriedhof e. V. anläßlich des 250jährigen Bestehens des Invalidenfriedhofs in Berlin, November 1998, hrsg. vom Förderverein Invalidenfriedhof e. V., bearb. von Laurenz Demps, unveröffentlichtes Manuskript, Berlin 1998.

Börsch-Supan/Müller-Stüler 1997
Eva Börsch-Supan und Dietrich Müller-Stüler, Friedrich August Stüler 1800–1865, hrsg. vom Landesdenkmalamt Berlin, München/Berlin 1997.

Broicher 2005
Andreas Broicher, Gerhard von Scharnhorst. Soldat – Reformer – Wegbereiter, Aachen 2005.

Demps 1996
Laurenz Demps, Der Invalidenfriedhof. Denkmal preußisch-deutscher Geschichte in Berlin, Berlin 1996.

Demps 1998
Laurenz Demps, Zwischen Mars und Venus. Wegweiser über den Invalidenfriedhof. Ein Verzeichnis der auf dem Invalidenfriedhof zu Berlin noch vorhandenen Grabdenkmale, Berlin 1998.

Demps 2010
Laurenz Demps, Das königliche Invalidenhaus zu Berlin. Geschichte und Entwicklung seines Geländes, hrsg. vom Förderverein Invalidenfriedhof e. V., Berlin 2010 (= Einzelveröffentlichung des Landesarchivs Berlin).

Demps/Scheer/Mende 2007
Laurenz Demps, Christian Scheer und Hans-Jürgen Mende, Invalidenfriedhof. Ein Friedhofsführer, hrsg. von Hans-Jürgen Mende, Berlin ²2007.

Esse 1873
C. H. (Karl) Esse, Das Augusta-Hospital und das demselben verbundene Asyl für Krankenpflegerinnen zu Berlin, Berlin 1873.

Fontane 1882
Theodor Fontane, Wanderungen durch die Mark Brandenburg, Bd. 4: Spreeland, Berlin 1882.

Gartendenkmale 2008
Gartendenkmale in Berlin: Friedhöfe, hrsg. von Jörg Haspel und Klaus von Krosigk, bearb. von Katrin Lesser, Jörg Kuhn und Detlev Pietzsch, Landesdenkmalamt Berlin, Petersberg 2008 (= Beiträge zur Denkmalpflege in Berlin 27).

Gottschalk 1991
Wolfgang Gottschalk, Garnisonfriedhof und Invalidenfriedhof, Berlin 1991.

Heckmann 1998
Hermann Heckmann, Baumeister des Barock und Rokoko in Brandenburg-Preußen, Berlin 1998.

Heusinger 2019
Lutz Heusinger, Johann Heusinger. Texte und Werke, Marburg 2019.
https://doi.org/10.17192/es2019.0049

Hintze 1937
Günter Hintze, Der Invalidenfriedhof in Berlin. Ein Ehrenhain preußisch-deutscher Geschichte, 2., erw. Auflage, Berlin 1937. [1. Aufl. 1936, 4. Aufl.1940]

Invalidenfriedhof 1993
Helfen Sie uns, den Invalidenfriedhof in Berlin als Ort der Geschichte würdig zu erhalten. Ein Aufruf des Förderverein Invalidenfriedhof, veröffentlicht von der Kulturstiftung der Länder, bearb. von Joachim Fischer, Berlin 1993.

Invalidenfriedhof 2002
Der Invalidenfriedhof in Berlin. 10 Jahre Förderverein Invalidenfriedhof e. V., hrsg. vom Förderverein Invalidenfriedhof e. V., Hamburg 2002.

Invalidenfriedhof 2003
Der Invalidenfriedhof: Rettung eines Nationaldenkmals, hrsg. vom Förderverein Invalidenfriedhof e. V. in Zusammenarbeit mit dem Fachreferat Gartendenkmalpflege des Landesdenkmalamtes Berlin, Berlin 2003.

Klausmeier/Schmidt 2007
Axel Klausmeier und Leo Schmidt, Mauerreste – Mauerspuren. Der umfassende Führer zur Berliner Mauer, Berlin/Bonn 2007.

König 1788–1791
Anton Balthasar König, Biographisches Lexikon aller Helden und Militairpersonen, welche sich in Preußischen Diensten berühmt gemacht haben, 4 Bde., Berlin 1788–1791.

Krosigk 2003a
Klaus-Henning von Krosigk, Invalidenfriedhof und Denkmalpflege: Wege zur Rettung eines Nationaldenkmals, in: Invalidenfriedhof 2003, S. 11–23.

Krosigk 2003b
Klaus-Henning von Krosigk, Der Baumeister. Zur Grabmalkunst bei Karl Friedrich Schinkel, in: Invalidenfriedhof 2003, S. 87–107.

Krosigk 2018
Klaus-Henning von Krosigk, Rettung und Sanierung des Invalidenfriedhofs, eines Nationaldenkmals von Rang, in: Berlin in Geschichte und Gegenwart. Jahrbuch des Landesarchivs Berlin 2018, S. 237–250.

Krosigk/Merkel 2018
Klaus-Henning von Krosigk und Friedrich Wilhelm Merkel, Zur Geschichte der Kaiserin Augusta-Glocke, hrsg. vom Förderverein Invalidenfriedhof e. V., Selbstverlag Berlin 2018.

Kuhn 1999
Jörg Kuhn, Barocke Sarkophag-Grabmäler auf dem Invalidenfriedhof, in: MuseumsJournal 13, 1999 (4), S. 13–15.

Maaz 1995
Bernhard Maaz, Christian Friedrich Tieck 1776–1851. Leben und Werk unter besonderer Berücksichtigung seines Bildnisschaffens, mit einem Werkverzeichnis, Berlin 1995 (= Bildhauer des 19. Jahrhunderts, hrsg. von Peter Bloch).

Meinecke 1896/1899
Friedrich Meinecke, Das Leben des Generalfeldmarschalls Hermann von Boyen. 2 Bde., Stuttgart 1896/1899.

NDB 1953–2020
Neue Deutsche Biographie, hrsg. von der Historischen Kommission bei der Bayerischen Akademie der Wissenschaften, 27 Bde., Berlin 1953–2020.

Priesdorff 1937–1942
Kurt von Priesdorff, Soldatisches Führertum, 10 Bde., Hamburg 1937–1942.

Rahn 1854
Gottlieb Rahn, Das National-Krieger-Denkmal im Invalidenpark zu Berlin. Ein Beitrag zur Special-Geschichte Berlins, Berlin 1854.

Rave 1962
Paul Ortwin Rave, Berlin, 3. Teil: Bauten für Wissenschaft, Verwaltung, Heer, Wohnbau und Denkmäler, Berlin (West) 1962 (= Karl Friedrich Schinkel – Lebenswerk, begr. von Paul Ortwin Rave, hrsg. von Margarete Kühn, Bd. 11).

Rehberger 2017
Lena Rebekka Rehberger, Die Grabmalkunst von Karl Friedrich Schinkel, Berlin/München 2017.

Scheer/Jung 2016
Christian Scheer und Hans Joachim Jung, Nachträge 2007–2016 zu Laurenz Demps, Christian Scheer und Hans-Jürgen Mende, Invalidenfriedhof. Ein Friedhofsführer, Berlin 22007, Selbstverlag Berlin 2016.

Schinkel 1826
Karl Friedrich Schinkel, Sammlung architektonischer Entwürfe, enthaltend theils Werke, welche ausgeführt sind, theils Gegenstände, deren Ausführung beabsichtigt wurde, Heft 9, Berlin 1826.

Schreiner/Timm 1990
Ludwig Schreiner, Die Gemälde des neunzehnten und zwanzigsten Jahrhunderts in der niedersächsischen Landesgalerie Hannover, neu bearbeitet und ergänzt von Regine Timm, hrsg. vom Niedersächsischen Landesmuseum, Kat. Hannover 1990.

Schüßling o.J.
Ernst Schüßling, von Rohdich'scher Legatenfonds. Dem Wachbataillon verpflichtet – der Bundeswehr verbunden, hrsg. vom von Rohdich'schen Legatenfonds, Berlin o. J.

Simson 1982
Jutta von Simson, Der Bildhauer Albert Wolff 1814–1892, Berlin (West) 1982 (= Berliner Bildhauer des 19. Jahrhunderts, hrsg. von Peter Bloch).

Simson 1996
Jutta von Simson, Christian Daniel Rauch. Œuvre-Katalog, Berlin 1996 (= Bildhauer des 19. Jahrhunderts, hrsg. von Peter Bloch).

Staudy 1999a
Ingrid von Staudy, Das Augusta-Hospital 1935–1945. Vier Schwestern erzählen, maschinenschriftliches Manuskript, München 1999.

Staudy 1999b
Ingrid von Staudy, Ruhestätte der Schwestern des Augusta-Hospitals auf dem Invalidenfriedhof Berlin, maschinenschriftliches Manuskript, München 1999.

Treuwerth 1925
Karl Treuwerth, Der Invalidenfriedhof in Berlin. Eine Stätte preußisch-deutschen Ruhmes, Berlin 1925.

Usczeck 1979
Hansjürgen Usczeck, Scharnhorst: Theoretiker, Reformer, Patriot. Sein Werk und seine Wirkung in seiner und für unsere Zeit, Berlin (Ost) 1979.

Volz 1907
Friedrich der Große und seine Leute. I. Hans-Karl von Winterfeldt, in: Hohenzollern-Jahrbuch 11, 1907, S. 155–169.

Voss 2002
Rüdiger von Voss, Gehorsam und Widerstand in der preußischen Armee am Beispiel der auf dem Invalidenfriedhof bestatteten Offiziere, in: Invalidenfriedhof 2002, S. 11–21.

BILDNACHWEIS

Sämtliche Neuaufnahmen wurde am 16. März 2023 von Andreas Lechtape (Münster) im Auftrag der Fördervereins Invalidenfriedhof e.V. angefertigt.

Autor   S. 16, 19, 26, 36, 56–59, 120, 127, 132

Berlin, bpk / Deutsches Historisches Museum (Foto: Sebastian Ahlers)   S. 139

Berlin, Förderverein Invalidenfriedhof e. V.
S. 21 o., 23, 25, 28, 29, 43 o., 44 o., 47, 55 o., 61, 62, 64, 65 o., 68, 84, 109, 151, 168

Berlin, Landesarchiv, ehem. Landesbildstelle   S. 27, 91, 96 l.

Berlin, Staatliche Museen zu Berlin, Alte Nationalgalerie   S. 134

Berlin, Staatliche Museen zu Berlin, Kupferstichkabinett   S. 118

Frankfurt am Main, Städel Museum – ARTOTHEK   S. 119

Grasbrunn, HERMANN HISTORICA GmbH   S. 107

Hannover, Landesmuseum – ARTOTHEK   S. 115

Kattowitz, Biblioteca Śląska   S. 110

London, British Museum   S. 102 r.

München, Zentralinstitut   S. 22

Münster, Andreas Lechtape   S. 39, 121 und sämtliche Neuaufnahmen 2023

Perleberg, von Winterfeld(t)scher Familienverband e. V.   S. 154

Petersberg, Michael Imhof Verlag   S. 46

Potsdam, Stiftung Preußische Schlösser und Gärten Berlin-Brandenburg
S. 95, 101 (Daniel Lindner), 102 l. (Wolfgang Pfauder), 140

Reckahn, Rochow-Museum   S. 94

Treuwerth 1925   S. 17, 18, 20, 21 u., 24

Wien, Österreichische Nationalbibliothek   S. 162

Umschlagabbildung: Grabmal für Gerhard David von Scharnhorst, Kenotaph und Löwe. Aufnahme 2023

Frontispiz: Querallee von Nord nach Süd. Aufnahme 2023

Abb. S. 4: Blick über das Grabfeld C nach Nordosten. Aufnahme 2023

Weitere Informationen zum Förderverein Invalidenfriedhof e. V. finden Sie unter: http://foerderverein-invalidenfriedhof.de

Bibliographische Informationen der Deutschen Nationalbibliothek: Die Deutsche Nationalbibliothek verzeichnet diese Publikation in der Deutschen Nationalbibliographie; detaillierte bibliographische Daten sind im Internet über https://dnb.de abrufbar.

1. Auflage 2023
© 2023 Verlag Schnell & Steiner GmbH, Leibnizstraße 13, 93055 Regensburg
Umschlaggestaltung: Julie August
Layout/Satz: Falk Flach, typegerecht berlin
Druck: Gutenberg Beuys Feindruckerei GmbH, Langenhagen

ISBN 978-3-7954-3832-6

Alle Rechte vorbehalten. Ohne ausdrückliche Genehmigung des Verlags ist es nicht gestattet, dieses Buch oder Teile daraus auf fototechnischem oder elektronischem Weg zu vervielfältigen.

Weitere Informationen zum Verlagsprogramm erhalten Sie unter: www.schnell-und-steiner.de